14.

아무렇게나 내민 손에 왜 어떤 때는 진정제가, 어떤 때는 독약이 잡히는 걸까?

접근가능성 : 마담 프루스트의 비밀정원(Attila Marcel) 1

달콤하게 시작한 꿈이 늘 악몽으로 끝날 때

폴 마르셀(귀욤 고익스 분)의 꿈은 달콤하게 시작한다. 환하고 따스한 햇살로 가득한 날. 세상은 온통 파스텔 톤이다. 아빠 아틸라 마르셀(귀욤 고익스 분, 1인 2역)의 발걸음은 경쾌하다. 청바지에 긴 파마머리, 그리고 금박으로 아틸라 마르셀이라는 이름을 또렷이 세긴 자줏빛 가죽 재킷. 아빠는 록스타 같다. 두 살배기 폴은 유모차에 앉아서 동네 사람들과 반갑게 인사하며 앞장서 걷고 있는 아빠의 경쾌한 뒷모습을 따라간다.

"빠빠." 아빠를 부르는 폴. 엄마는 두 살배기 아들이 드디어 아빠 소리를 내는 것이 너무 감격스럽다. 그래서 남편을 부른다. 아빠 소리 들었냐며. 하지만 극장 앞에 걸려 있는 커다란 그랜드 캐니언 사진에 푹 빠져 있는 아빠는 폴을 보려고 하지 않는다. 폴이 볼 수 있었던 것은 엄마의 다정한 얼굴뿐.

하루 종일 등만 보여줬던 아빠의 얼굴을 보고 싶은 폴. "빠빠, 빠빠." 폴은 다시 아빠를 부른다. 그 순간 갑자기 돌아선 아빠. 폴에게 얼굴을 들이밀며 눈을 부릅뜬다. 괴성을 지르듯이 입을 찢어져라 벌린 아빠. 깜짝 놀란 폴은 울음을 터뜨리고 만다. 폴의 달콤했던 꿈은 늘 악몽으로 끝이 난다.

기억이 기억나지 않는 이유

"기억은 일종의 약국이나 실험실과 유사하다. 아무렇게나 내민 손에 어떤 때는 진정제가, 때론 독약이 잡히기도 한다." 실뱅 쇼메 감독이 연출한 〈마담 프루스트의 비밀정원〉은 프랑스의 문호 마르셀 프루스트Marcel Proust의 소설 《잃어버린 시간을 찾아서》를 인용하면서 시작한다. 이 영화의 두 주인공(폴 마르셀, 마담 프루스트)의 이름도 마르셀 프루스트에서 따온 것이다.

폴은 매일 악몽을 꾼다. 그렇다면, 꿈속 아빠에 대한 폴의 기억도 아무렇게나 내민 손에 우연히 잡힌 독약과 같은 것일까? 아무렇게나 내민 손에 나를 구원할 진정제는 잡히지 않고, 왜 하필이면 나를 망가뜨릴 독약만 계속 잡히는 걸까?

우리의 기억창고에는 수많은 진정제와 독약이 저장되어 있다. 어마어마하게 크고 넓은 기억창고에 저장된 수만 가지 약들은, 이론적으로는 모두 사용할 수 있는 것이다. 창고에 있기 때문이다. 하지만 현실적으로는 창고에 있다고 다 사용할 수 있는 것은 아니다. 어떤 약은 찾지 못하기 때문이다.

인간의 기억 현상을 설명하는 많은 이론은 인간이 가지고 있는 기억창고의 크기는 무한하고, 창고에 저장된 정보 역시 무한대에 가깝다고 가정한다. 그리고 기억창고에 한 번 저장된 정보는 사라지지 않고 영원히 남아 있다. 하지만 우리는 분명히 예전에 겪었던 일이 시간이 지난 후에 좀처럼 기억나지 않는 경험을 하곤 한다. 만약 기억창고에 저장할 수 있는 정보의 양에 제한이 없고, 한 번 저장된 정보는 영원히 사라지지 않는다면, 일단 저장된 정보는 모두 기억해 낼 수 있어야 하는 게 아닐까?

예전에 기억했던 것이 지금은 기억나지 않는 이유는 기억창고에서 그 정보가 사라졌기 때문이 아니다. 해당 정보는 여전히 우리의 기억창고 어딘가에 저장되어 있다. 다만, 우리가 그 정보를 찾아내지 못하는 것이다. 이를 인출 실패라고 한다. 찾아서 꺼내지 못했기 때문에 기억나지 않는 것이다.

무한대에 가까운 크기의 기억창고의 한구석에서 다른 약들에 파묻혀 있는 작은 알약을 찾는다는 것은 쉬운 일이 아니다. 창고에는 수많은 약이 쌓여 있지만, 모든 약을 사용하지는 못한다. 찾지 못하기 때문이다. 찾을 수 없으면, 사용할 수도 없다.

아무렇게나 내민 손에는 아무거나 잡히지 않는다

어떤 기억은 바로 찾을 수 있고, 그래서 쉽게 꺼낼 수 있다. 반면, 어떤 기억은 찾기 어렵다. 심지어는 영영 찾지 못할 수도 있고, 그래서 꺼내지도 못한다. 기억창고에 있는 정보들이 얼마나 찾기 쉬운지, 그러니까 기억창고에 있는 정보에 접근하는 것이 얼마나 쉬운지를 접근가능성(accessibility)이라고 한다. 접근가능성이 높다는 것은 쉽게 찾을 수 있는 상태라는 뜻이고, 접근가능성이 낮다는 것은 찾기 어려운 상태라는 뜻이다.

따라서 기억을 향해 우리가 내민 손에 아무거나 잡히는 것은 아니다. 무엇이 잡힐지는 우연에 의해서 결정되지 않는다. 우리가 우연히, 또는 무의식적으로 내민 손에는 접근가능성이 높은 기억이 잡힐 확률이 매우 높다. 폴이 매일 같은 악몽을 꾸는 것은, 폴이 자신의 기억을 향해 손을 내밀 때 악몽이 다른 기억보다 훨씬 더 접근가능한 상태에 있었기 때문이다. 수많은 기억 중에 악몽이 제일 꺼내기 쉬운 상태에 있었기 때문에 매일 밤 폴이 내민 손에는 악몽이 쥐어져 있었다.

기억의 접근가능성은 기억창고에서 정보가 어디에 위치하고 있느냐에 따라 달라진다. 창고를 열자마자 바로 눈앞에 보이는 기억이 접근가능성이 높다. 반면, 기억창고의 가장 깊숙한 곳에 위치한 기억은 접근가능성이 떨어진다.

오래전에 도착한 기억일수록 기억창고의 깊숙한 곳에 보관

되기 때문에 접근가능성이 떨어진다. 반면, 최근에 배달된 기억은 바로 문 앞에 놓여 있기 때문에 접근가능성이 높다. 당연히 오늘 있었던 사건이 30년 전에 경험한 사건보다 접근가능성이 높고, 그래서 쉽게 기억해 낼 수 있다.

그럼에도 불구하고, 폴은 두 살 때 기억에 여전히 쉽게 접근할 수 있다. 그 사건이 폴에게 심리적으로 매우 충격적인 것이었기 때문이다. 우리가 인생에서 경험하게 되는 아주 강렬한 사건에 대한 기억은 접근가능성이 높고, 그래서 쉽게 꺼낼 수 있는 위치에 놓인다. 만약, 그 강렬한 사건에 독약이 들어 있으면 그 기억은 트라우마가 된다.

15.

나쁜 기억은 행복의 홍수 아래 가라앉게 하라

새로 배달된 기억의 효과 : 마담 프루스트의 비밀정원(Attila Marcel) 2

나쁜 추억은 행복의 홍수 아래 가라앉게 하라

마담 프루스트(앤 르 니 분)는 폴에게 한 장의 편지를 남긴다. 마담 프루스트의 마지막 조언. 편지에는 이렇게 쓰여 있다. "나쁜 추억은 행복의 홍수 아래 가라앉게 해."

기억의 본질은 기억창고에 한 번 저장된 정보는 사라지지 않는다는 것이다. 한 번 기억한 것은 삭제되지 않고, 기억창고 어딘가에 남아서 영원히 우리와 함께하게 된다.

좋은 추억이 사라지지 않는다는 것은 축복이다. 하지만 나쁜 기억과 영원히 함께해야 한다는 것은 우리를 힘겹게 만든다. 특히 나쁜 기억이 접근가능성마저 높은 경우에 우리의 인생은 악몽이 될 가능성이 높다. 기억창고의 문을 열자마자 바로 앞에 나쁜 기억이 놓여 있다는 것은 아무렇게나 내민 손에 계속해서 나쁜 기억만 잡히는 인생을 살게 됨을 의미한다.

안타깝게도 지금까지 나온 기술 중에는 우리가 원하지 않는 기억을 없앨 방법이 없다. 하지만 다행히도 나쁜 기억을 없애지 않고도 아무렇게나 내민 손에 나쁜 기억 대신 다른 기억이 잡힐 수 있도록 만들 방법이 있다. 그 방법은 바로 마담 프루스트의 편지에 있다. 나쁜 기억을 행복한 기억의 홍수 아래 가라앉게 하는 것이다.

우리가 내민 손에 나쁜 기억 대신 좋은 기억이 잡히게 하려면, 좋은 기억들이 계속 배달되어서 기억창고의 문 앞에 좋은 기억의 상자들이 가득 쌓이게 해야 한다. 그러면 무심코 내민 손에는 자연스럽게 나쁜 기억의 상자 대신 좋은 기억의 상자가 잡히게 된다.

헤어스타일을 바꾸는 게 기분전환에 도움이 되는 이유

마담 프루스트의 행복의 홍수 전략은 이상적인 방법이지만, 솔직히 말하면 현실적으로 유용한 방법은 아니다. 왜냐하면, 좋은 추억은 만들기 어렵기 때문이다. 좋은 기억은 하나를 만들기도 어려운데, 좋은 기억의 홍수를 만든다는 것은 어쩌면 불가능에 가까운 일인지도 모른다.

하지만 우리의 목표가 아무렇게나 내민 손에 나쁜 기억이 잡히지 않도록 하는 것이라면, 보다 현실적인 방법이 있다. 그것은 바로 좋은 기억뿐만 아니라 중립적인 기억을 많이 만드는 것이다. 좋지도 나쁘지도 않은 중립적인 기억의 홍수를 만들어 나쁜 기억을 그 아래 가라앉게 하는 것이다.

우리의 인생에서 잊지 못할 정도로 좋은 기억을 만드는 것은 쉬운 일이 아니지만, 중립적인 기억을 만드는 것은 상대적으로 수월하다. 길게 자란 머리를 자르기 위해 미용실을 방문하는 일은 아주 좋은 일도 아니고 아주 나쁜 일도 아니다. 하지만 헤어스타일을 바꾸고 나면, 우리의 기억창고의 가장 앞쪽에는 머리를 새로 했다는 기억이 자리 잡는다. 최근에 배달된 기억은 바로 문 앞에 놓이기 때문에 접근가능성이 높아지고, 손을 내밀면 잡힐 가능성이 높아진다.

반면, 기존에 문 앞에 있던 기억들은 새로 배달된 기억 상자들 때문에 다들 조금씩 뒤로 밀려난다. 뒤로 밀려날수록, 손에 잡힐 가능성은 떨어진다. 새로운 중립적인 기억이 오래된 나쁜 기억을 밀어내는 것이다.

중립적이지만 새로운 기억이 점점 많이 도착하면 할수록, 문 앞에 있던 나쁜 기억은 점점 손닿을 수 없는 곳으로 밀려나게 된다. 헤어스타일을 바꾸면 기분전환에 도움이 되기도 하는데, 이는 새로운 기억이 불편했던 기억을 밀어냈기 때문이다.

나쁜 기억은 새로운 기억의 홍수 아래 가라앉게 하라

아픈 기억으로부터 벗어날 수 없었던 과거의 폴. 그의 삶에는 새로운 사건이 없었다. 늘 똑같은 일상, 기억창고의 문 앞에 놓인 아픈 기억을 밀어낼 새로운 기억이 배달되지 않는 삶. 아픈 기억은 늘 앞자리를 차지하고, 그를 매일 악몽에 시달리게 한다.

마담 프루스트를 만난 이후, 폴에게는 새로운 사건, 새로운 기억들이 배달되기 시작한다. 때론 미소 짓고, 때론 눈물을 흘리기도 한다. 새로운 사람들. 새로운 사건. 마담 프루스트와의 상담. 마들렌과 홍차. 아스파라거스와 정원의 식물들, 레코드와 나무. 사랑스러운 아내와 예쁜 아기. 우쿨렐레와 수강생들. 악몽은 새로운 기억의 홍수 아래 조금씩 가라앉는다.

16.
마침내 알게 된 행복의 1단계 공식

마음챙김 : 어바웃 타임(About Time)

행복의 2단계 공식

아버지가 폐암에 걸렸다는 소식을 듣고 달려간 팀(도널 글리슨 분). 아버지는 팀에게 행복의 2단계 공식을 알려준다. 두 가지 단계 중 첫 번째 단계는 일단 다른 사람들처럼 삶을 한번 살아보는 것이다.

아버지의 공식처럼 팀은 우선 평범하게 살아본다. 친한 동료를 함부로 대하는 상사의 행동에는 조용히 침묵을 지킨다. 편의점 직원은 친절하고 상냥하게 인사를 건네지만, 너무 바빠서 무표정하게 돈만 지불하고 뛰쳐나온다. 아름다운 건축물 안에 들어왔지만, 아름다움을 느낄 겨를이 없다. 어렵게 재판에서 이기고도 사람들과 승리의 기쁨을 나눌 마음의 여유가 없다. 퇴근길에 지하철 옆자리에 앉은 사람의 이어폰에서 새어 나오는 음악 소리 때문에 짜증이 난다. 팀이 평범하게 살아본 하루는 정말 힘겨운 날이었다.

아버지가 말한 행복 공식의 두 번째 단계는 똑같이 하루를 다시 사는 거였다. 처음엔 긴장과 걱정 때문에 볼 수 없었던 세상의 아름다움을 두 번째 살면서 느껴보라는 것이다.

아버지의 2단계 공식처럼 팀은 똑같은 하루를 다시 살아본다. 무례한 상사 때문에 의기소침한 동료에게 웃음을 선사하고, 편의점 직원의 얼굴을 바라보고 환하게 웃으면서 인사를 건넨다. 급하게 뛰어가면서도 건물의 아름다움을 느껴본다. 함께한 사람들과 승리의 기쁨을 짧지만 확실하게 공유한다. 옆 사람의 이어폰에서 나오는 음악을 소음이라고 생각하지 않고, 내가 연주하는 기타 소리라고 생각하면서 마음껏 즐겨본다. 팀이 다시 살아본 똑같은 하루는 아주 멋진 하루였다.

과거를 되돌릴 수 있다면

리처드 커티스 감독이 연출한 〈어바웃 타임〉은 과거로의 시간여행을 할 수 있는 사람들에 관한 이야기다. 성인이 된 팀에게 아버지가 가족의 비밀에 대해 알려준다. 비밀은 이 집안 남자들에게는 시간여행을 하는 능력이 있다는 것이다. 몇 가지 제한이 있기는 했다. 미래로의 시간여행은 불가능하다. 과거로

만 돌아갈 수 있다. 그것도 자신이 경험했던 과거로만 돌아갈 수 있다. 역사 속의 누군가를 만나러 살아보지 못했던 과거로 돌아갈 수는 없다. 자신의 인생 안에서 자신이 실제로 존재했고, 자신이 기억하는 곳으로만 돌아갈 수 있다. 방법은 간단하다. 어두운 곳에 가서 눈을 감고 두 주먹을 쥐고 가고 싶은 순간을 생각하면 어느새 그곳으로 가게 된다.

과거를 되돌릴 수 있다면 무엇을 할 것인가? 아마도 많은 사람은 자신이 과거에 했던 잘못된 의사결정이나 행동을 되돌려서 현재를 자신이 원하는 모습으로 바꾸려고 할 것이다. 누군가는 돈을 더 많이 벌기 위해 과거로 돌아가고, 다른 사람은 자기나 주변 사람들의 불행을 막기 위해 과거로 돌아가려고 할 것이다.

하지만 아버지의 선택은 달랐다. 그는 그저 인생을 두 번 경험하는 데 이 능력을 사용했다. 그 이유는 돈을 더 많이 버는 것보다 이 방법이 인생을 더 행복하게 만들어준다는 확신이 있었기 때문이다.

우리 인생의 곳곳에는 눈에 잘 띄지 않는 작은 아름다움들이 숨어 있다. 어두컴컴한 회색처럼 보이는 고단한 일상에도 작은 찬란함이 빛나고 있는 것이다. 하지만 우리의 삶은 이런 소중한 것들의 존재를 눈치채지 못한 채 후다닥 흘러가고 만다. 그래서 하루하루는 힘겹고 고달프다. 사람들은 자신이 누릴 수 있는 행복감을 느껴보지도 못한 채 인생을 허비한다.

그래서 아버지는 똑같은 인생을 한 번 더 살아보길 원했던 것이다. 과거로 돌아가 두 번 살 수 있었던 덕분에 그는 처음에는 느끼지 못했던 인생의 아름다움을 맛볼 수 있었다. 마치 우리가 10년 전에 봤던 책이나 영화를 다시 보면, 그 당시에는 아무 감흥 없이 흘려보냈던 놀라운 장면을 새롭게 발견하는 것처럼. 아버지는 과거로 돌아가 자신이 읽었던 책들을 두 번씩 봤다. 그가 좋아하는 찰스 디킨스의 소설은 세 번씩. 그는 인간이 읽을 수 있는 거의 모든 책을 두 번씩 보면서 첫 번째 읽을 때는 발견하지 못했던 아름다움을 발견할 수 있었다.

마음챙김

만약 우리에게도 과거로 돌아갈 수 있는 능력이 있다면, 팀의 아버지가 제시한 행복의 공식은 상당히 효과적일 것이다. 하지만 우리에게는 그럴 능력이 없다. 그 누구도 똑같은 인생을 과거로 돌아가 다시 경험할 수는 없다. 그렇다면, 우리 인생의 아름다움을 제대로 경험하면서 살 수 있는 방법은 없을까?

명상은 스트레스를 줄이고 행복을 증진시키기 위해 인류가 실행해 온 아주 오래된 방법이지만, 과학적으로 효과가 입증된 가장 최신의 방법이기도 하다. 다양한 종류의 명상법이 공유하고 있는 것 중의 하나는 마음챙김(mindfulness)이다. 이는 지금 이 순간의 경험을 자신이 가지고 있는 기존의 잣대로 평가내리거나 규정하지 않고 있는 그대로 경험하고, 이를 자각하는 것을 의미한다.

마음챙김 연습은 우울과 불안을 낮춰주고, 수면과 대인관계, 그리고 면역체계를 개선하는 효과가 있다. 심지어는 하루에 단 몇 분 동안만이라도 마음챙김 연습을 하면 집중력이 향상되고, 더 합리적인 의사결정을 하게 된다는 것을 보고한 연구들도 있다.

마음챙김을 위한 특별한 수련법들이 있지만, 일상생활 중에도 연습을 할 수 있다. 아버지가 제시한 행복 공식의 두 번째 단계가 사실은 마음챙김의 일상 수련법이라고 할 수 있다. 즉 일상의 작은 아름다움을 충분히 느끼면서 사는 것이다. 지하철역에서 회사까지 바쁘게 걸어가는 짧은 시간 동안이라도 길에 서 있는 은행나무의 노랗게 물든 잎의 아름다움을 느끼고, 햇살이 피부에 닿는 것을 느껴보기만 해도 우리의 마음은 여유를 찾고 조금 더 따뜻해진다.

마침내 알게 된 행복의 1단계 공식

시간여행을 할 수 있다면, 우리도 팀의 아버지가 제시한 행복의 2단계 공식을 이용해 인생의 매력을 만끽할 수 있을 것이다. 하지만 시간여행을 할 수 없는 현실의 우리는 인생을 평범하게 한 번 살아보고, 똑같은 경험을 다시 한번 반복할 수는 없다. 하지만 실망할 필요는 없다. 팀이 우리처럼 평범한 사람들을 위한 새로운 공식을 알아냈기 때문이다.

마침내 팀은 행복의 1단계 공식을 발견했다. 아버지의 2단계 행복 공식에서 한 단계를 줄인 혁신적인 행복 공식. 팀은 매일 매일을 자신이 이날을 위해 시간여행을 온 것처럼, 이날이 자신의 가장 특별한 마지막 날이라고 생각하면서, 온전히 이날을 만끽하려고 노력하기 시작했다. 순간순간의 아름다움과 경이로움을 알아채며 살기 시작한 팀에게는 이제 더 이상 시간여행이 필요하지 않게 된 것이다.

팀이 만든 새로운 행복의 공식은 최선을 다해서 지금의 아름다움을 체험하는 것이다. 다음을 기다리지 않고 현재를 충분히 음미한다. 삶의 작은 아름다움을 느낄 수 있을 때 우리 마음은 더 따뜻해지고, 우리의 행복은 더 커진다. 우리가 매일의 순간을 만끽할 수 있어야 하는 이유다.

17.

운명적인 사랑의 유통기한

로미오와 줄리엣 효과 : 로미오와 줄리엣(Romeo and Juliet)

무미건조한 일상이 반복될 때마다 한번(어떤 이들은 다시 한 번) 강렬한 사랑에 푹 빠져봤으면 하는 생각이 들곤 할 것이다. 이럴 때마다 떠오르는 전형적인 사랑 이야기 중의 하나가 로미오와 줄리엣이다.

열정적인 사랑의 대명사격인 올리비아 허시와 레너드 위팅이 주연을 맡은 프란코 제피렐리 감독의 〈로미오와 줄리엣〉은 강렬한 만큼 아름답고, 동시에 극단적일 만큼 비극적이다(레오나르도 디카프리오와 클레어 데인즈가 주연을 맡은 바즈 루어만 감독의 작품도 매력적이다).

로미오의 몬터규 가문과 줄리엣의 캐퓰렛 가문은 서로 철천지원수인데, 둘은 첫눈에 반해 사랑에 빠지고 만다. 로미오와 줄리엣은 몰래 결혼식을 올리지만 가문 간의 반목, 불행한 사건의 발생, 그리고 오해가 겹치면서 이야기는 비극으로 치닫는다. 줄리엣이 죽었다고 생각한 로미오는 줄리엣의 입술에 마지막 키스를 남기고 독약을 삼킨다. 잠시 후에 깨어난 줄리엣은 자신의 곁에 죽은 채로 누워 있는 로미오를 발견한다. 그리고 로미오의 단검으로 스스로 목숨을 끊고 만다.

로미오와 줄리엣 효과

도대체 로미오와 줄리엣은 왜 그토록 강렬한 사랑에 빠지게 되었을까? 많은 사람이 열정적인 사랑에 빠지곤 하지만 로미오와 줄리엣처럼 연인이 죽었다고 해서 상대방을 따라 목숨을 끊는 경우는 극히 드물다.

로미오와 줄리엣이 스스로 목숨을 끊을 정도로 서로를 사랑하게 된 데에는 여러 가지 이유가 있겠지만, 그중 하나는 두 사람의 사랑이 이룰 수 없는 사랑이었다는 점에서 찾을 수 있을지도 모른다. 집안의 반대로 이룰 수 없었던 사랑이었기 때문에 로미오와 줄리엣이 경험했던 사랑의 감정이 극대화되었을 가능성이 있다는 것이다.

부모의 반대가 심할수록 사랑에 더 빠져들게 되는 현상을 로미오와 줄리엣 효과라고 한다. 부모의 반대에도 불구하고 자신이 어떤 대상을 사랑한다면 사람들은 그 이유가 그만큼 그 대상에 대한 사랑이 크기 때문이라고 해석하는 경향이 있다. 동시에 부모의 반대는 우리를 각성시키는데, 증가한 신체적 각성은 우리가 경험하는 현재의 감정이나 정서의 강도를 강화시킨다. 즉, 부모의 반대가 사랑에 빠진 사람을 화나게 하고 흥분시키는데, 이 과정에서 신체적 각성이 증가하게 된다. 그리고 신체적 각성이 증가한 상태에서 사랑하는 사람을 만나게 되면 그 사람이 더 사랑스러워 보이게 되는 것이다. 부모의 반대가 증가시킨 신체적 각성이 부모가 반대하는 사람에 대한 사랑의 감정을 더 증가시킨 것이다.

몸이 흔들리면, 마음도 흔들린다

부모의 반대가 사랑에 빠진 자식의 마음을 흔들어서 흥분시키기도 하지만, 우리의 몸이 흔들리는 경우에도 각성이 증가할 수 있다. 그 결과, 내 눈앞에 있는 사랑스러운 대상에 대한 감정이 더 커지는 것이다. 캐나다의 브리티시 컬럼비아주 노스밴쿠버에 있는 카필라노강 위에는 유명한 흔들다리가 하나 있다. 폭은 1.5m에 불과하지만 높이는 약 70m에 달한다. 다리 아래에는 강물이 맹렬히 흐르고 있어서 사람들은 다리를 건너면서 엄청난 스릴을 경험한다. 캐나다 브리티시 컬럼비아 대학교의 사회심리학자인 도널드 더턴D. G. Dutton과 아서 아론A. P. Aron은 외모가 매력적인 여성으로 하여금 흔들다리를 건너오는 남자들에게 짧은 설문조사를 부탁하도록 했다. 이 여성은 남자가 설문에 답하고 난 다음에 자신의 이름과 전화번호를 쪽지에 적어주면서 혹시 설문조사의 결과에 대해 궁금하면 나중에 자신에게 전화해도 된다고 알려주었다. 결과에 따르면, 대부분의 남자가 전화번호가 적힌 쪽지를 받아갔고, 그 중 절반 정도의 사람들이 이 여성에게 전화를 한 것으로 나타났다. 흔들다리를 건너면서 증가했던 신체적 각성이 이성에 대한 감정을 키우게 한 것이다.

이 강에는 흔들다리 말고도 콘크리트로 만들어서 흔들리지 않는 안전한 다리가 있다고 한다. 동일한 여성이 이 안전한 다리를 건너온 남자에게도 같은 방식으로 설문조사를 하고 전화번호를 줬지만 나중에 전화를 한 사람은 거의 없었다고 한다. 흔들다리를 건너지 않아서 신체적 각성에 변화가 없었던 상황에서 사람들은 자신의 감정에 대해 오판하지 않은 것이다. 물론 남자들이 흔들다리를 건너왔다고 하더라도 설문을 부탁하고 전화번호를 알려준 사람이 남성이었을 경우에는 전화를 한 사람은 없었다고 한다.

운명적인 사랑의 유통기한

만약 로미오와 줄리엣의 사랑을 집안에서 반대하지 않았다면 어떻게 되었을까? 둘은 평생 행복하게 잘 살았을까? 연구들에 따르면, 젊은이들이 연인관계를 지속하는 평균 기간은 약 2년 남짓이라고 한다. 처음에는 운명이라고 믿었던 사랑도 약 2년의 시간이 지나면 대부분 종말을 고하고 만다는 것이다. 자신의 목숨과도 바꿀 수 없을 것 같던 사람도 흥분이 사라진 상태에서 보면 그저 단점 많은 하나의 인간으로 보이기 때문이다. 마치 흔들리지 않는 콘크리트 다리를 건너온 사람의 눈으로 상대방을 보게 되는 것이다. 따라서 로미오와 줄리엣에게도 조금 더 시간이 주어졌다면, 둘 중 하나 또는 둘 다 다른 운명적 사랑을 찾아 나섰을 가능성을 배제할 수 없다.

현실판 로미오와 줄리엣 효과

어르신들 중에는 가끔 자신의 자녀가 당신들의 마음에 너무 안 드는 사람을 데려와서 결혼하겠다고 하는 통에 화를 참지 못하겠다고 하시는 분들이 있다. 마치 연속극의 한 장면을 보는 것 같은 느낌이 들 때가 있는데, 자식들의 반응은 크게 두 가지로 나뉜다.

소위 마마보이적인 성격을 가지고 있는 자식들의 경우에는 부모가 화를 심하게 내면, 자신의 뜻을 수정하는 경우가 많다. 하지만 자아가 강하고 주관이 뚜렷한 자식들의 경우에는 오히려 부모의 바람과는 반대로 행동할 가능성이 높다. 로미오와 줄리엣 효과가 나타나는 것이다. 그렇다면, 당신의 하나뿐인

자식이 정말 결혼을 말리고 싶은 상대와 사랑에 빠져서 결혼하겠다고 하면 어떻게 해야 할까?

통계를 믿고 행동하는 게 좋다. 앞서 이야기했듯이 대부분의 연인관계는 2년 내에 종말을 고하게 된다. 따라서 상대에 사로잡힌 자식을 야단침으로써 각성시켜 자식이 자기 감정에 대해 오판하도록 만드는 것은 현명하지 못한 행동이다. 관계를 인정하되, 결혼은 몇 년 후에 하도록 설득하는 것도 방법이다. 그렇게 되면 둘은 아마도 2년 내에 서로 알아서 헤어지게 될 가능성이 높다.

나머지 반쪽의 짝이라는 증거

만약 심리학자의 말만 믿고 2년 동안 기다렸음에도 불구하고 둘이 헤어지기는커녕 더 사랑을 키워가고 있다면 어떻게 해야 할까? 사귄 지 2년이 넘었는데도 사랑이 식지 않는다면, 이것은 두 사람이 진정으로 사랑하고 있고, 두 사람이 하나의 팀으로 잘 기능한다는 증거다. 우리가 흔히 이야기하는 궁합이 잘 맞는 것이다. 이 경우에는 2년 전에 한 부모의 판단이 오판이었을 가능성이 높다. 하나의 팀으로 잘 맞는 짝을 찾아낸 자식의 결혼을 반대할 이유가 없는 것이다.

18.
발 구르는 소리에 마음이 흔들리는 이유

음악의 진화심리학 : 보헤미안 랩소디(Bohemian Rhapsody)

"쿵쿵, 짝!" "쿵쿵, 짝!"

기타리스트 브라이언 메이(귈림 리 분)가 설명한다. 발을 두 번 먼저 구르고, 세 번째에는 손뼉을 치라고.

드러머 로저 테일러(벤 하디 분)와 베이시스트 존 디콘(조셉 마젤로 분)이 박자에 맞춰 열심히 발을 구르고 손뼉을 친다. 연습실에 있던 여자친구들도 함께 하기 시작했다. 소리는 더 커졌다. 녹음실 전체가 울리는 것 같다. "쿵쿵, 짝!" "쿵쿵, 짝!"

브라이언 메이는 관객들이 듣기만 하는 게 아니라 자신들과 함께 연주할 수 있는 곡을 만들고 싶다. 뒤늦게 연습실에 나타난 리드보컬 프레디 머큐리(라미 말렉 분)가 어리둥절해하자 그는 수만 명의 관객이 들어찬 공연장을 상상해 보라고 한다.

그리고 관객들과 함께 이런 소리를 만들어내는 장면을 떠올려 보라고.

"쿵쿵, 짝!" "쿵쿵, 짝!"

마음을 두드리는 소리

브라이언 싱어 감독의 〈보헤미안 랩소디〉는 전설이 된 록 그룹 '퀸(Queen)'에 대한 전기적 영화다. 팀의 결성에서부터 이들의 성장과 갈등, 그리고 사랑에 관한 이야기를 담고 있다. 영화의 중심에는 퀸의 리드보컬인 프레디 머큐리가 있다. 그는 록 음악 역사상 가장 파괴력이 있는 보컬 중 한 명이다. 하지만 그는 단지 노래만 잘하는 가수가 아니었다. 그의 보컬로서의 존재감이 어마어마한 탓에 우리는 그가 곡을 만들기도 했다는 사실을 쉽게 잊어버리곤 한다. 프레디 머큐리는 팝 음악사에 길이 남을 천재적인 작곡가이기도 했다. '보헤미안 랩소디'를 비롯해서 '위 아 더 챔피언스(We Are the Champions)', '러브 오브 마이 라이프(Love of My Life)' 등의 명곡이 프레디 머큐리의 손에서 만들어졌다.

그는 늘 논란의 중심에 있었다. 양성애자였으며, 에이즈 합병증으로 45세의 나이에 세상을 떠났다. 대중들은 그의 음악을 사랑했지만, 그의 삶을 존중하지는 않았다. 하지만 영화는 그가 죽을 때까지 한 명의 여성을 향한 사랑의 마음을 내려놓지 못한 소년이기도 했다는 것을 보여준다. 그리고 그가 친구와 가족, 그리고 음악과 팬들에 대해 가지고 있었던 순수한 마음과 사랑을 볼 수 있게 해준다. 덕분에 영화 내내 다시 듣게 되는 퀸의 노래들은 더 큰 울림으로 우리의 마음을 두드린다.

"마마, 우우우."

음악의 진화심리학

진화심리학적 관점에 따르면, 인간은 자신의 생존에 도움이 되는 것을 선호하도록 진화해 왔다. 음악도 마찬가지로 인간의 생존 가능성을 높여줄 수 있는 기능을 제공했기 때문에 우리는 음악을 좋아하도록 진화했다는 것이다. 사람들은 누군가와 함께 걸을 때 무의식적으로 발을 맞추는 경향이 있다. 진화적인 설명에 따르면, 발을 맞추지 않고 걸을 때 발생하는 혼란스러운 소음은 맹수를 포함해서 생명에 위협을 가할 수 있는 존재가 내는 소리를 탐지하는 것을 방해할 수 있다고 한다. 이러한 문제를 해결하기 위해서 우리에게 유전자를 물려준 선조들은 다른 사람들과 함께 발을 맞춰 스스로 예측할 수 있는 리듬을 만들어냄으로써 자신들의 리듬과는 다른 소리를 쉽게 탐지할 수 있었다고 한다. 발을 맞추면서 만들어낸 리듬이 인류가 최초로 만들고 경험한 음악이라는 주장이다.

사람들이 발을 맞추며 만들어낸 리듬은 자신들의 소리와

외부의 소리를 분리시키는 동시에 자신이 한 집단에 소속되어 있다는 사실을 확인시켜 준다. 현대에도 마찬가지지만, 특히 개인의 힘으로 해결할 수 있는 문제가 더 적었던 과거에는 사냥을 하거나 농사를 지을 때, 그리고 다른 부족과 전쟁을 할 때 집단 구성원의 마음을 하나로 만드는 일은 생존과 밀접하게 연결되어 있었다. 음악은 집단 구성원들의 긴장감을 증가시키고, 집단이 지금 어떤 목표를 가지고 움직이고 있는지를 구성원들에게 상기시킴으로써 통일된 행동을 할 수 있도록 준비하게 하는 기능을 수행했다. 집단 구성원 모두를 하나의 집단 목표에 집중하도록 함으로써 집단의 경쟁력을 높이고 생존 가능성을 높였다는 것이다.

함께 부르는 노래의 힘

우리나라에서 〈보헤미안 랩소디〉를 관람하는 특별한 방법 중 하나는 극장에서 영화를 보며 노래를 함께 크게 따라 부르는 것이다. 함께 발을 맞추거나 같은 노래를 부르면 나와 같은 생각을 가진 우리 편과 함께 있다는 느낌이 든다. 국가, 군가, 응원가, 심지어 생일 파티에서 부르는 생일 축하곡까지 모두 함께 노래를 부르는 사람들과의 동질감과 정서적 유대감을 강화시키는 기능을 한다.

음악을 듣는 동안 우리의 뇌에서는 옥시토신이라는 호르몬의 분비가 증가한다. 옥시토신은 사람들 간의 친밀감과 유대감을 증가시키는 것으로 알려져 있다. 출산 시 분비된 옥시토신은 어머니가 아기에게 강한 정서적 유대감을 갖도록 만들고, 사랑의 과정에서 분비된 옥시토신은 상대에 대한 사랑의 감정을 더욱 강화시킨다. 따라서 함께 노래를 부르는 행위는 옥시토신의 분비를 촉진시키고, 그 덕분에 사람들은 하나가 되었다는 느낌에 휩싸인다.

노래, 특히 함께 부르는 노래는 각성을 증가시키는 경향이 있다. 각성은 일종의 정서적인 흥분상태인데, 증가한 각성은 자신이 경험하고 있는 현재의 기분과 감정을 더욱 극대화한다. 따라서 함께 노래를 부르는 행위는 사람들 간의 친밀감과 정서적 유대감을 강화함으로써 사람들을 응집시킨다.

위 윌 록 유(We will rock you)

1985년 7월 13일 영국 런던의 웸블리 경기장. 에티오피아의 기아 구제를 위해 기획된 '라이브 에이드' 공연. 7만여 명의 관중들이 함께 발을 구르고 손뼉을 친다. "쿵쿵, 짝!" "쿵쿵, 짝!" 그리고 드디어 프레디 머큐리의 목소리가 터져 나온다.

"위 윌, 위 윌, 록! 유(우리가 당신을 흔들어버릴 거야)!"

노래는 우리를 흔든다. 함께 노래하는 우리가 서로 사랑하도록, 그리고 함께 노래하는 우리가 하나가 되도록. 사랑하는 사람과 함께 부르는 노래는 사랑을 더 크게 만들고, 친구와 함께 부르는 노래는 우정을 더 단단하게 만든다. 우리가 함께 노래할 수만 있다면 경쟁은 협력으로, 그리고 전쟁은 평화로 방향을 바꿀 것이다. 함께 부르는 노래는 우리와 세상을 변화시킨다.

19.

함께 뛰는 사랑이 오래간다

정서의 2요인 이론 : 스피드(Speed)

"미리 경고해야만 할 것 같은데, 이렇게 강렬한 경험 때문에 시작된 관계는 오래가지 못한다고 들었어요."

얀 드봉 감독이 연출한 〈스피드〉의 마지막 장면에 기적적으로 살아남은 잭(키아누 리브스 분)이 애니(샌드라 블록 분)에게 키스하면서 했던 대사다. 잭에 원한이 있던 페인(데니스 호퍼 분)은 LA 시내버스에 폭탄을 설치해 놓고 잭에게 전화를 건다. 버스가 속도를 시속 50마일(약 80km) 이하로 줄이면 자동적으로 폭파되고, 누구라도 탈출을 시도하면 원격조정 장치로 버스에 설치된 폭탄을 터뜨릴 수 있다고. 승객을 구하기 위해서 경찰 특수반의 잭이 가까스로 달리는 버스에 올라탔다. 하지만 버스를 운전하던 기사가 총을 맞고 쓰러진다. 이때, 승객 중 한 명이었던 애니가 버스 운전대를 잡으면서 영화는 엄청난 속도로 질주하기 시작한다.

1994년에 만들어졌지만, 지금 다시 봐도 처음부터 끝까지 손에 땀을 쥐게 한다. 영화에서 스피드를 느낀다는 게 무엇인지 실감케 해주는 영화다. 많은 액션영화의 끝이 그렇듯이 처음 만나서 죽음의 고비를 넘기고 살아남은 두 남녀 주인공은 첫 키스를 하면서 사랑에 빠지게 된다.

하지만 다른 액션영화의 결말과 차이가 있다면, 키스를 하던 남자 주인공이 느닷없이 이런 식으로 시작한 관계는 오래가지 못한다고 여자 주인공에게 경고한다는 점이다. 과연 강렬한 스릴을 함께 경험하는 과정에서 사랑을 시작한 사람들이 끝까지 잘 되기는 힘든 걸까?

사랑의 감정을 느끼게 하는 두 가지 요인

사람들이 어떻게 사랑을 포함한 다양한 감정이나 정서를 느끼게 되는지를 설명하는 심리학 이론 중 하나는 정서의 2요인 이론(Two Factor Theory)이다. 미국 컬럼비아 대학교의 사회심리학자 스탠리 샥터Stanley Schachter가 그의 제자였던 펜실베이니아 주립대학교의 사회심리학자 제롬 싱어Jerome Singer와 함께 제안한 이 이론은 우리가 특정 감정이나 정서를 느끼기 위해서는 두 가지 요인이 필요하다고 주장한다. 첫 번째 요인은 신체적인 각성이다. 각성은 우리가 흔히 흥분했을 때 경험하게 되는 일종의 생리적인 변화다. 각성이 증가하면 가슴이 두근거리고, 호흡이 가빠지며, 손과 발에는 땀이 나게 된다. 감정이나 정서를 느끼기 위해 필요한 두 번째 요인은 이러한 각성에 대한 인지적인 해석이다. 내 가슴이 왜 두근거리는지에 대해 일종의 명칭을 부여하는 과정이 필요한 것이다.

당신이 앞에 있는 누군가와 눈이 마주쳤는데, 가슴이 두근거리기 시작했다고 하자. 그런데 자세히 보니 그 사람은 바로 오래전에 헤어졌던 당신의 첫사랑이다. 어떤 감정이 들까? 아마도 당신은 두근거림이 그 사람에 대해 아직도 남아 있는 사랑의 감정 때문이라고 생각하게 될 것이다.

하지만 만약 눈이 마주친 상대가 검은색 양복에 깍두기 머리를 한 상당한 덩치의 남성이었다고 생각해 보자. 이 조폭스러운 남성이 팔짱을 낀 채 당신을 지긋이 노려보고 있었던 것이다. 과연 이 경우에도 가슴 두근거림이 사랑의 감정 때문이라고 생각할 수 있을까?

조폭이나 첫사랑이나 가슴을 뛰게 하는 것은 마찬가지

정서의 2요인 이론에 따르면, 우리가 경험하게 되는 신체적인 각성은 첫사랑과 눈이 마주쳤을 때나 조폭과 눈이 마주쳤을 때나 거의 비슷하다고 한다. 즉 조폭이나 첫사랑이나 가슴을 뛰게 하는 것은 마찬가지라는 것이다.

동일한 생리적인 변화를 우리가 인지적으로 어떻게 해석하느냐에 따라 사랑의 감정을 느낄 수도 있고 공포를 경험할 수도 있다. 인지적 해석은 생리적 각성을 해석하고 의미를 부여하는 기능을 담당한다. 즉 우리가 경험하는 감정이나 정서의 종류가 무엇인지를 결정하는 것이다. 반면 신체적인 각성은 우리가 경험하게 되는 감정이나 정서의 강도를 결정한다. 만약 어떤 이성을 만났을 때는 가슴이 살짝 두근거리기만 하는데, 다른 이성을 만났을 때는 쿵쾅거린다면, 가슴을 쿵쾅거리게 만든 이성에게 더 큰 사랑의 감정을 느끼게 되는 것이다. 물론 조폭의 경우에도 가슴이 살짝 두근거리는 경우보다 쿵쾅거리는 경우에 더 큰 공포의 감정을 경험하게 된다.

그런데 자신의 신체적 각성이나 흥분의 원인이 무엇인지 정확하게 파악하기란 어렵다. 그 이유는 신체적 각성이 증가했을 때 나타나는 신체적인 변화는 거의 동일한 데 반해, 신체적인 각성을 유발하는 원인은 너무나도 다양하기 때문이다.

흥미로운 것은 자신의 신체적 각성의 원인을 잘못 파악한 결과 실제보다 더 강렬한 감정에 휩싸일 수 있다는 것이다. 예를 들어 놀이동산에서 바이킹을 탔기 때문에 증가한 가슴 두근거림을 바이킹을 함께 탄 남자친구나 여자친구 때문이라고 생각하게 되면, 상대방에 대한 사랑의 감정이 바이킹을 타지 않았을 때보다 더 커지게 되는 것이다.

다시 스피드

영화 〈스피드〉에서처럼 강렬한 사건을 함께 경험하면서 사랑을 시작하는 사람들은 사랑의 감정을 실제보다 과대지각한 상태에서 관계를 시작하게 될 가능성이 높다. 사랑과는 무관한 엉뚱한 원인에 의해서 발생한 가슴 두근거림을 사랑 때문이라고 잘못 해석한 상태에서 관계가 시작되는 것이다.

이러한 오해 덕분에 불같은 사랑 또는 운명적 사랑에 빠지기도 한다. 하지만 오해에서 시작된 관계가 오래 지속되기란 쉽지 않다. 키아누 리브스의 대사가 말해주듯 강렬한 경험에서 비롯된 각성을 상대에 대한 사랑의 감정이라고 잘못 판단한 상태에서 시작된 사랑은 곧 그 실체를 드러내게 된다.

같이 뛰는 사랑

하지만 이미 상대방에 대한 사랑이 충분히 확인된 커플이라면 생활 속에서 건전한 방식으로 각성을 증가시킬 방법을 찾는 것은 관계를 더 강화하는 데 도움이 될 수 있다. 가장 추천할 만한 일은 함께 운동하는 것이다. 운동은 혼자 할 때는 신체의 기능만 강화해 주지만, 사랑하는 사람과 함께하면 사랑의 감정을 강화해 준다.

사랑하는 여성이 겨울의 찬바람에 춥다고 하면 남성들은 어떤 행동을 하게 될까? 아주 오래된 우스갯소리에는 세 종류의 사람이 등장한다. 첫 번째는 박력 있게 자기가 입고 있던 코트를 벗어주는 사람이다. 자기는 추워서 바들바들 떨더라도 자신의 사랑만큼은 따뜻하게 하려는 유형이다. 두 번째는 따뜻하게 상대방을 안아주는 사람이다. 가장 로맨틱한 유형이다. 마지막 유형이 조금 독특한데, 이 사람은 갑자기 벌떡 일어나서 "같이 뛰자!"고 한다는 것이다. 같이 뛰자는 발상에 당시에는 많은 사람이 웃음을 터뜨렸었는데, 만약 이미 서로 사랑하고 있다면, 그 사랑을 더 단단하게 하는 데 함께 뛰는 것만큼 좋은 것이 없을지도 모른다.

20.

좀비 바이러스가 퍼지기에 가장 좋은 조건

좀비사회 : 부산행(Train to Busan)

현실에 나타난 좀비

좀비라는 존재는 더 이상 사람이 아니다. 괴물이다. 아이, 노인, 임산부 상관하지 않고 무차별적으로 달려들어 살점을 물어뜯는다. 좀비에게 물린 사람들은 좀비 바이러스에 감염된다. 그리고 서서히 인간에서 좀비로 변한다. 일단 좀비가 되고 나면, 그에게서 과거의 인간적인 모습을 찾을 수는 없다. 좀비는 더 이상 다정다감했던 친구가 아니다. 단지 눈앞에 보이는 사람을 모두 닥치는 대로 무자비하게 공격하는 존재일 뿐이다.

좀비는 상상 속 존재다. 하지만 과연 현실에 좀비들이 없다고 말할 수 있을까? 사실 좀비 같은 사람을 우리 사회에서 찾는 것은 크게 어려운 일이 아니다.

할머니는 길을 걷고 있었다. 맞은편에서 걸어오던 한 남자와 눈이 마주쳤다. 그러자 갑자기 그 남자가 달려들었다. 그의 손에는 가로수를 지지하기 위해서 세워놓는 각목이 들려 있었다. 이 남자는 각목으로 할머니의 머리를 내리쳤다. 할머니가 쓰러진 후에도 공격은 이어졌다. 이 남성은 잠시 후 횡단보도를 건너려던 또 다른 여성에게도 각목을 휘둘렀다. 이 남성은 피해자들과 아무런 관계가 없는 사람이었다. 단지 눈앞에 보이는 누군가를 향해 달려든 것이다. 마치 좀비들처럼. 이빨로 상대방의 살점을 물어뜯지만 않았을 뿐, 이 남자의 폭력은 좀비와 다르지 않다. 영화에서나 볼 법한 이 사건은 환한 대한민국의 길거리에서 벌어진 일이다.

좀비사회

좀비사회. 우리는 어쩌면 이미 좀비들이 살아서 돌아다니는 사회에서 살고 있는지도 모른다. 단지 그들이 영화 속 좀비들처럼 기괴하게 걷지 않고, 입에 피를 묻힌 채 돌아다니지도 않고, 우리를 이빨로 물어뜯지 않아서 분간하기 힘들 뿐이다.

우리 사회 곳곳에서 발생하고 있는 '묻지 마 범죄'는 눈에 띄는 사람을 아무 이유 없이 무차별적으로 공격의 대상으로 삼는다는 점에서 좀비들의 모습과 닮아 있다. '묻지 마 범죄'의 발생 소식은 점점 빈번해지고, 범죄의 대상과 장소는 점점 다양해지고 있다. 곳곳에서 좀비들의 무차별적 공격에 노출될 가능성이 높은 사회, 우리는 좀비사회에 살고 있다.

좀비도 원래는 사람이었다

연상호 감독이 연출한 〈부산행〉의 좀비들은 상영시간 내내 손에 땀을 쥐게 만들지만, 동시에 우리 사회의 좀비들에 대해 다시 생각하게 만든다. 좀비는 가해자다. 남녀노소를 구분하지 않고 무차별적으로 무자비한 공격을 가하는 존재다. 그래서 야구 방망이로 좀비의 머리통을 박살 내서 쓰러뜨리는 것은 우리를 안심시킨다. 좀비는 괴물이기 때문이다. 할 수만 있다면 죽여버려야 하는 대상이다. 좀비를 무찌르는 사람은 영웅이 된다.

흥미로운 것은 좀비들이 원래는 사람이었다는 사실은 쉽게 잊힌다는 점이다. 좀비들이 괴물의 역할을 너무 잘 수행한 덕분이다. 하지만 좀비들은 바이러스에 감염되기 전에는 모두 평범한 사람들이었다. 좀비가 되기 전에는 좀비를 혐오하고, 심지어는 좀비들을 없애고, 자신의 가족과 친구를 지키기 위해 좀비들과 치열하게 싸웠던 사람들이라는 것이다.

우리가 지켜내지 못한 사람들이 좀비가 된다

좀비는 현재는 가해자이지만, 과거에는 피해자였다. 이 피해자 중에는 우리가 지킬 수 있었던 사람들도 있었다. 좀비 중에는 몇 시간 전까지만 해도 좀비를 무찌르는 데 영웅적 역할을 한 사람도 있다.

하지만 아무리 힘이 세고, 싸움을 잘하는 사람도 혼자서는 좀비를 감당할 수 없다. 공동체의 도움과 협력이 필요하다. 사람들이 힘을 모으고 도왔다면 구할 수 있었던 이들이 홀로 남겨져 외롭게 싸우다 좀비가 된다. 결국 우리가 지켜내지 못한 사람들이 좀비가 되고, 그 좀비들이 우리를 공격하는 것이다.

"당신은 곤경에 처하거나 도움받기를 원할 때 의존할 가족이나 친구가 있습니까?" 이 질문에 대한 당신의 대답은 긍정인가, 부정인가? 국회 입법조사처가 발표한 'OECD 사회통합지표 분석 및 시사점' 보고서에 따르며, 한국 사람들은 곤경에 처했을 때 의존할 수 있는 가족이나 친구가 조사 대상 36개 국가(OECD 34개 회원국과 브라질, 러시아 포함) 중 가장 적은 것으로 나타났다. 이 조사는 우리 사회가 좀비들이 만들어지기 가장 좋은 여건을 갖추고 있다는 것을 보여준다.

좀비 바이러스는 공동체가 무너진 곳에서 확산된다. 우리가 구해내지 못한 사람들이 좀비가 된다. 따라서 좀비 없는 세상은 위기에 처한 사람에게 도움의 손길을 제공할 수 있는 공동체의 회복에서 시작된다. 공동체의 회복은 안전한 삶을 위해서도 필수적이다.

21.
흑인은 나쁘다고 믿었는데, 생각해 보니 나는 흑인이야

동일시의 심리학 : 블랙 팬서(Black Panther)

아프리카에 위치한 작은 나라, 와칸다는 흑인들만 사는 나라다. 사람들이 아프리카와 흑인에 대해 가진 고정관념과 일치하게, 세상 사람들에게 와칸다는 세계에서 가장 가난하고 못사는 나라 중 하나로 알려져 있다. 하지만 그것은 사실 위장술일 뿐이었다.

라이언 쿠글러 감독이 연출한 〈블랙 팬서〉의 와칸다는 아프리카의 가난하고 작은 나라로 알려져 있지만, 사실 지구상의 그 어떤 국가보다도 뛰어난 문명과 과학기술의 발전을 이뤄낸 곳이다. 이곳에는 지구의 그 어느 곳에도 존재하지 않는 금속인 비브라늄이 있다. 아주 오래전 우주에서 떨어진 운석 덕분이다.

비브라늄은 인류 문명의 패러다임을 바꿀 수 있는 금속이다. 마치 석기시대에서 청동기시대로, 그리고 다음 철기시대로 문명의 수준이 달라졌듯이, 비브라늄은 인류 문명의 차원을 바꿀 수 있는 물질이다. 와칸다는 비브라늄 덕분에 상상을 초월하는 과학기술의 발전을 이뤄냈다. 척추에 총알이 박힌 사람을 하루 만에 완벽한 상태로 회복시킬 수 있고, 코앞에 있는 빌딩 크기만 한 비행체를 사람들 눈에 보이지 않게 만들 수도 있다.

착하고, 똑똑하고, 깨끗한 흑인

〈블랙 팬서〉의 줄거리와 내용 전개는 사실 기존의 슈퍼히어로 영화와 크게 다르지 않다. 하지만 〈블랙 팬서〉를 특별하게 만드는 것은 이들이 보여주는 세상의 모습이다. 〈블랙 팬서〉의 세상에서는 슈퍼히어로의 피부색이 검다. '블랙 팬서(채드윅 보스만 분)'와 '와칸다'로 대변되는 이 영화의 흑인들은 착하고, 똑똑하고, 깨끗하다. 인류 최고로 번성한 문명과 과학기술을 가지고 있다. 이들은 인간적이며, 근본적으로 선하다. 반면, 율리시스 클로(앤디 서키스 분)로 대변되는 백인과 백인 문명은 폭력적이고, 악의로 가득 차 있다. 심지어 외모의 매력도도 떨어진다. 〈블랙 팬서〉에서만은 백인과 백인 문명이 세상을 파괴하려는 악이고, 흑인과 흑인 문명이 세상을 지키려는 선이다.

지구가 위기에 처하면 늘 백인 슈퍼히어로들이 나타나 세상을 구원하는 모습을 지켜봤던 우리에게는 꽤 낯선 풍경이다. 기존의 할리우드 영화에서 폭력적이고, 지적 수준이 떨어지고, 지저분하고, 게으른 사람으로 묘사되어 왔던 흑인이 블랙 팬서에서는 정반대의 모습으로 등장하는 것도 놀랍지만, 더 충격적인 것은 이 영화에서 흑인은 더 이상 소수가 아니라는 점이다. 약 90% 이상의 출연 배우가 흑인이고, 이들은 흑인 특유의 억양으로 말한다. 그리고 이들은 거의 모두 착하고, 똑똑하고, 깨끗하고, 정의롭다.

과거에도 흑인을 주인공으로 한 영화는 많았다. 하지만 그 주인공 개인만 특별했을 뿐 다른 흑인 출연자들이 맡은 역할들은 기존의 흑인에 대한 부정적인 고정관념과 일치했던 경우가 대부분이었다. 흑인 중에도 간혹 괜찮은 사람이 있기는 하지만 대다수는 나쁜 사람이라는 메시지를 기존의 영화는 은연중에 전달하고 있었다. 따라서 〈블랙 팬서〉에서 그려낸 세상은 기존의 영화들이 만들어냈던, 그래서 세상의 많은 사람이 공유했던 흑인에 대한 부정적 고정관념과 편견에 균열을 일으키기에 충분할 정도로 파격적이다.

무의식적으로 배우는 것들

우리가 태어날 때부터 고정관념과 편견을 가지고 세상에

나온 것은 아니다. 우리는 고정관념과 편견을 학습한다. 고정관념과 편견을 버려야 한다고 교육받지만, 사실 우리는 사회에서 다양한 경로를 통해 고정관념과 편견을 배우면서 자란다. 영화도 그 경로 중 하나다. 백인과 흑인, 그리고 아메리카 원주민을 직접 만난 적이 없어도, 우리는 누가 선한 사람이고 누가 나쁜 사람인지, 누가 똑똑하고 누가 멍청한지, 누가 성실하고 누가 게으른지 배우게 된다. 영화는 우리에게 세상에 대한 고정관념과 편견을 가르치는 매우 중요한 도구 중의 하나인 것이다.

특히 사람들은 영화를 보는 동안 주인공과 자신을 동일시하고, 주인공의 시각에서 세상을 본다. 따라서 서부영화를 보는 동안 관객은 백인 보안관의 시점에서 인디언을 바라보게 된다. 마찬가지로 백인 경찰의 관점에서 흑인 범죄자를 바라본다. 영화는 고정관념과 편견을 강제로 주입하지 않는다. 주인공의 시점에서 세상을 보는 동안 사람들은 무의식적으로 주인공의 세계관을 받아들인다. 그래서 흑인이나 인디언과 상호작용했던 경험이 없어도, 우리는 백인들이 가지고 있는 흑인과 인디언에 대한 고정관념과 편견을 배우고 내면화하게 된다. 가장 슬픈 일은 고정관념과 편견의 피해자들이 자신들을 겨냥한 부정적 고정관념과 편견을 배우고 그것을 받아들여서 스스로를 비난할 때 발생한다.

인형 연구

4개의 인형은 모두 똑같았다. 같은 공장에서 동일한 모양으로 만든 아기 인형이었다. 단, 피부와 머리카락 색이 달랐다. 2개는 갈색 피부에 검은색 머리를 하고 있었고, 다른 2개는 흰색 피부에 노란색 머리를 하고 있었다. 인형들은 모두 기저귀를 차고 있었다. 옷은 입지 않았다. 머리, 팔, 다리의 위치와 자세는 모두 동일했다. 즉 똑같은 얼굴과 신체를 가진 흑인 아기 인형과 백인 아기 인형이었다.

미국의 사회심리학자이자 사회운동가였던 케네스 클라크Kenneth Clark와 메이미 클라크Mamie Clark 부부는 세 살에서 일곱 살 사이의 흑인 어린이들에게 인형을 보여주고 몇 가지 선택을 하도록 했다. 어떤 인형이랑 같이 놀고 싶은지, 어떤 인형이 착하게 생겼는지, 어떤 인형이 나쁜 사람처럼 생겼는지 선택하도록 한 것이다.

놀랍게도 다수의 흑인 어린이들은 백인 인형을 착한 인형으로 선택했고, 흑인 인형을 나쁜 인형으로 선택했다. 같이 놀고 싶은 인형으로도 흑인 인형이 아니라 백인 인형을 선택했다. 이 결과는 흑인 어린이들이 백인을 좋은 사람으로, 그리고 자신과 피부색이 같은 흑인을 나쁜 사람으로 생각하고 있다는 것을 보여준다.

클라크 부부는 마지막으로 어떤 인형이 어린이 자신처럼

생겼는지 선택하도록 했다. 다수의 아이는 흑인 인형이 자기와 닮은 인형이라고 선택했다. 아이들은 자신이 흑인이라는 것을 알고 있었던 것이다. 자신이 나쁘다고 선택한 인형과 자신의 피부색이 같다는 사실을 인정해야 했던 이 질문에 답하는 과정에서 몇몇 아이들은 감정적으로 힘들어했다. 심지어는 화를 내며 방을 뛰쳐나가기도 했다. 백인이 좋은 사람이고 흑인은 나쁜 사람이라고 믿고 있었는데, 생각해 보니 나는 흑인이었다. 클라크 부부의 연구는 1930년대 말에서 40년대 초에 수행되었다. 하지만 2000년대 이후에 방송과 다큐멘터리 제작자들에 의해서 반복된 실험의 결과도 클라크 부부의 발견과 크게 달라지지 않았다.

차별이 일상이 된 사회에서는 차별의 피해자들까지 자신들은 문제가 있고, 그래서 차별받을 만하다고 생각하게 된다. 세 살에서 일곱 살 정도의 나이에 벌써 자신에게는 나쁜 피가 흐르고 있다고 생각하게 된다면, 과연 아이는 자신의 잠재력을 꽃피울 수 있을까? 자기의 피부색이 나쁜 사람의 징표이고, 이 징표는 영원히 바꿀 수 없다고 생각하는 아이가 건강한 성인으로 성장할 수 있을까? 차별의 일상화는 이렇게 아이들의 미래를 아주 이른 시기에 망가뜨린다.

동일시의 대상

낡고 지저분한 빌딩들. 심지어 허물어지기 직전이다. 미국의 빈민가, 흑인 아이들이 농구를 하고 있다. 이때 갑자기 하늘에서 우주선으로 보이는 어마어마한 크기의 비행체가 나타난다. 농구를 멈춘 아이들은 모두 고개를 들어 경외의 시선으로 우주선을 바라본다.

드디어 '블랙 팬서'가 존재를 드러낸 것이다. 자신처럼 검은색 피부를 가진 슈퍼히어로. 이제 흑인 아이들이 동일시할 수 있는 대상, 검은색 피부를 자랑스럽게 생각할 수 있도록 해 줄 존재가 땅으로 내려왔다.

22. 슈퍼히어로의 질투심

질투의 진화심리학 : 겁나는 여친의 완벽한 비밀(My Super Ex-Girlfriend)

우리가 꿈꾸는 모든 능력을 가진 사람

추위에 덜덜 떨면서 크게 손을 흔들었는데도 본척만척 지나쳐버리는 택시. 만약 우리가 도망가는 택시를 향해 입으로 숨을 빨아들이면 무슨 일이 일어날까. 물론, 아무 일도 일어나지 않는다. 택시는 따뜻한 배기가스를 내뿜으며 평화스럽게 우리로부터 점점 멀어져 갈 것이다. 하지만 제니(우마 서먼 분)의 경우에는 이야기가 다르다. 그녀가 승차 거부를 하고 달아나는 택시를 향해 한번 숨을 빨아들이면, 택시는 마치 빨대에 빨려 올라오는 음료수처럼 그녀 앞으로 끌려오고 만다. 제니는 초능력을 가지고 있다. 숨 빨아들이기는 그녀가 가지고 있는 초능력의 아주 작은 일부에 불과하다. 그녀는 하늘을 날 수 있고, 눈에서 레이저 광선을 내뿜을 수도 있다. 달리는 자동차를 한 손으로 들 수 있는 것은 물론이고, 총을 맞아도 총알이 그녀의 피부에 작은 상처도 내지 못한다.

이반 라이트만 감독이 연출한 〈겁나는 여친의 완벽한 비밀(My Super Ex-Girlfriend)〉(최소한 번역된 제목이 주는 느낌보다는 나은 로맨틱 슈퍼히어로 코미디)의 제니는 단순한 초능력자가 아니다. 자신이 가지고 있는 초능력을 다른 사람들의 행복과 안녕을 위해서 사용하는 슈퍼히어로, 즉 초능력을 가진 영웅이다. 뉴욕을 향해 날아오는 미사일을 발로 걷어차서 방향을 바꾸고 공중분해시킬 수 있을 정도의 강력한 힘을 가지고 있다. 그녀는 머리도 비상하다. 고층 호텔에 불이 나면 건물 상공을 매우 빠른 속도로 회전 비행한다. 그러면 건물 안이 일시적으로 진공상태가 되면서 진화가 이루어진다. 급하고 정신없으니까 가까운 곳에서 물이나 퍼 나를 생각을 하는 게 아니다. 불이 붙으려면 공기가 필요하다는 것을 인지하고 있다가 결정적인 순간에 이를 역이용할 줄 안다.

슈퍼히어로의 고달픈 일상

제니의 활약상을 지켜보던 시민들은 "지 걸(G-Girl)"을 연호한다. '그레이트 걸(great girl)'인 제니의 애칭이다. 사람들은 그녀를 부러워한다. '나도 저런 능력을 가지고 있으면 얼마나

좋을까.'

하지만 정작 제니의 삶은 힘겹다. 정부는 아무 문제도 해결하지 못한다. 슈퍼히어로 영화 속의 정부가 그렇듯이, 어쩌면 대부분의 정부가 실제로 그렇듯이, 큰 문제가 생기면 당국자들은 대책 없이 허둥대기만 할 뿐이다. 국민이 낸 세금은 대개 허둥지둥하는 일에 모두 쓰이고 만다. 결국 중요한 순간에는 '지 걸'이 문제를 해결할 수밖에 없는 것. 그러니 자기 밥벌이도 하면서, 동시에 슈퍼히어로의 역할도 수행해야 하는 제니의 일상은 고달프다.

외로운 슈퍼히어로

그녀는 외롭기까지 하다. 혼자서 한 사회의 재난을 모두 감당해야 하는 슈퍼히어로로서의 운명. 거기에 자신의 정체를 숨기고 살아야 하는 스트레스까지 겹쳐서 제니는 외롭다. 속마음을 터놓고 이야기할 수 있는 사람, 자기를 격려해 주고 위로해 줄 사람. 제니에게는 진실한 사랑이 절실했다.

바로 그때 나타난 남자가 매트(루크 윌슨 분)다. 지하철에서 우연히 마주친 두 사람. 제니의 가방을 날치기한 괴한을 목숨을 걸고 쫓아가는 순수한 매트에게 제니는 빠져든다. 운명적인 사랑을 만난 것처럼. 얼마 지나지 않아서 제니는 매트에게 자신이 '지 걸'이라는 것을 고백한다. 매트는 자신의 여자친구가 '지 걸'이라는 것, 심지어는 잠자리도 하는 사이라는 사실에 감격한다. 어쩌면 〈겁나는 여친의 완벽한 비밀〉은 슈퍼히어로의 성생활을 가장 구체적으로 묘사한 첫 번째 영화로 기록될지도 모른다.

슈퍼히어로의 질투심

하지만 완벽한 짝을 만났다는 느낌도 한순간, '지 걸'의 눈에 걸림돌이 포착된다. 매트의 회사 동료인 한나(안나 패리스 분)다. 금발의 매력이 넘치는 한나는 성격도 좋다. 그녀는 매트와 동성 친구처럼 막역하게 지내는 사이다. 서로 성희롱에 가까운 장난을 주고받을 정도다. 하루는 둘이 함께 공사 현장에 갔는데, 매트의 손가락에 가시가 박히는 일이 생긴다. 한나는 가시를 빼주겠다면서 아무 망설임도 없이 매트의 손가락을 자기 입에 집어넣는다. 그러곤 가시를 빨아서 뽑아낸다. 매트와 한나에게는 아무 문제가 없는 행동이다. 하지만 매트를 놀래주려고 몰래 그가 일하는 곳을 방문했다가 이 장면을 목격한 제니의 질투심에는 불이 붙는다.

초능력을 지닌 슈퍼히어로가 질투심에 휩싸이면 어떤 일들이 벌어질까? 매트가 사는 아파트의 문을 여는 대신 지붕을 뚫고 나가는 것은 기본. 매트의 자동차는 우주 공간으로 던져버리고, 바다에서 식인 상어를 잡아와서 매트의 방에 투척한다.

자기 방에 내동댕이쳐진 살아 움직이는 식인 상어를 피해 달아나야 살 수 있는 상황. 레이저를 뿜어서 매트의 이마에 '나쁜 ×'라고 새겨 넣고, 그것도 모자라서 광속 빵빵이 돌기 능력을 발휘해서 고객 앞에서 기획안을 발표하던 매트를 발가벗겨 놓는다.

질투의 진화심리학

진화심리학에 따르면, 질투심은 일종의 경고음이다. 짝을 다른 사람에게 빼앗길 가능성이 있다는 것을 신호하는 경고음. 따라서 질투심이라는 경보가 발령되면 사람들은 자신의 짝으로부터 연적을 떼어내기 위한 모든 조치를 취하게 된다. '지 걸'처럼 자신의 짝에게 화를 내고 위협하기도 한다. 반대로 더 잘해주기도 한다. 관심을 기울이고 비싼 선물을 해서라도 마음을 돌려보려고 한다. 심지어 짝을 몰래 감시하고, 연적에 대한 안 좋은 소문을 퍼뜨려서 자신의 짝으로부터 떨어뜨리려 한다. 마치 공습경보가 발령되면 폭격으로부터 살아남기 위해서 할 수 있는 일은 다 해보는 것과 같다. 결과적으로 질투심이 불러일으키는 다양한 행동들은 연적에게 짝을 빼앗길 가능성을 감소시킨다.

과도하게 민감한 경보장치

문제는 질투심은 극도로 민감한 화재경보기와 같다는 점이다. 아주 작은 부정의 의혹만 있어도 질투심의 경보를 울려댄다. 아주 작은 연기에도 시끄럽게 경보를 울려대는 덕분에 집에 불이 나는 것을 쉽게 막을 수는 있지만, 시도 때도 없이 울려대는 경보 때문에 아무것도 하지 못하기도 한다. 질투심이 자기와 파트너를 모두 힘들게 만들고, 최악의 경우에는 관계를 망가뜨릴 수도 있는 것이다. '지 걸'의 과도한 질투심이 매트로 하여금 관계를 정리하도록 만들듯이, 관계를 보호하기 위한 목적으로 내보냈던 경고음 때문에 관계가 망가지고 마는 아이러니가 발생할 수도 있다.

따라서 건강한 관계를 지속시키기 위해서는 질투심이 생겼을 때, 질투를 할 만한 구체적이고 확실한 근거가 있는지 확인하는 시간을 가질 필요가 있다. 그리고 이유가 있다고 하더라도, 질투심으로 인한 자신의 행동이 사회적으로 수용될 수 있을 정도인지 생각해 봐야 한다.

질투심이 유발하는 가장 극단적인 행동은 살인이다. 우리가 흔히 치정살인이라고 부르는 범죄의 원인은 대부분 질투심이 제공한 것이다. 지금 불타는 질투심에 휩싸여 있다면, 질투심은 매우 극단적으로 민감하게 맞춰진 센서가 보낸 신호라는 것을 다시 한번 생각해 볼 필요가 있다.

23.

침묵의 정글에 오신 것을 환영합니다

다수의 무지 : 더 스퀘어(The Square)

스톡홀름의 현대미술관 X-로열. 기금 모금 행사가 있는 날, 화려한 옷과 장신구로 잔뜩 치장한 스웨덴의 최상류층 사람들이 하나둘 모여든다. 포토라인에 대기하고 있던 사진기자들은 연신 카메라 플래시를 터뜨려댄다. 왕궁을 방불케 하는 화려하고 웅장한 X-로열의 연회장에는 흥겨운 수다와 웃음소리가 가득하다.

정글에 오신 것을 환영합니다

연회장의 조명이 어두워지고 천둥소리가 크게 울려 퍼진다. 잠시 후 X-로열이 기획한 행위예술의 시작을 알리는 목소리가 스피커를 통해서 흘러나온다. “이번 행위예술을 관람하시는 동안 여러분께 극도의 주의를 부탁드립니다." 어두컴컴한 연회장에 번갯불이 번쩍이고 커다란 천둥소리가 내려친다. 연회장의 원형 식탁에 둘러앉아 샴페인을 즐기던 사람들은 바로 자기 눈앞에서 펼쳐질 행위예술에 대한 기대로 가득하다. 상당한 금액을 X-로열 현대미술관에 기부한 사람들에게만 체험이 허락된 특별 행사다.

정글에 온 것을 환영한다는 목소리와 함께 아마존의 정글을 연상시키는 숲속의 새소리와 원주민의 북소리가 스피커에서 흘러나온다. 이어서 경고가 주어진다. 곧 야생동물과 마주치게 될 텐데, 만약 공포를 드러내거나 도망치려 하면 이 야생동물은 그 사람을 사냥하기 위해 끝까지 추격할 거라고.

스피커에서 흘러나오는 목소리는 사람들이 따라야 할 행동 요령도 알려준다. 근육조차 움직이지 않고 완벽한 침묵을 유지한다면, 당신은 사람들의 무리 속에 숨을 수 있을 것이라고. 대신 다른 사람이 이 동물의 먹잇감이 될 것이고, 당신은 안도할 수 있을 거라고.

침묵의 정글

드디어 그 동물이 울부짖는 소리가 들리기 시작한다. 이번에는 스피커에서 나오는 녹음된 소리가 아니다. 진짜가 내는 소리다. X-로열에서 초청한 유명 행위예술가인 올레그 로고진이 연회장의 입구에 등장한 것이다(로고진 역은 모션 캡처 연기 전문 배우로, 〈혹성탈출: 종의 전쟁〉, 〈콩: 스컬 아일랜드〉 등에 출연했던 테리 노터리가 맡았다).

로고진은 고릴라처럼 소리 내고 움직였다. 이 행위예술가는 고릴라에 버금가는 두껍고 큰 근육질의 상체를 모두 노출한 반라의 상태로 나타났다. 검은색 바지를 입고, 양손에는 짧고 단단한 검은색 엘보 클러치를 착용했다. 엘보 클러치는 일종의 짧은 목발로, 겨드랑이가 아닌 팔꿈치에 지지대가 있다. 엘보 클러치 덕분에 로고진은 긴 앞발이 있는 고릴라처럼 움직일 수 있었다. 쇠로 만든 것으로 보이는 엘보 클러치를 바닥에 쾅쾅 하고 치면, 마치 영화에서 킹콩이 땅을 두드리는 것처럼 커다란 소리가 연회장에 쩌렁쩌렁 울려 퍼진다.

로고진의 연기는 많은 사람의 호기심을 자극한다. 로고진은 고릴라처럼 소리 내고, 웃고, 장난친다. 사람들도 함께 미소 짓는다. 하지만 평화롭고 즐거웠던 시간은 그리 길지 않았다. 로고진은 진짜 고릴라로 행동하기 시작한다. 그것도 정글의 포악한 고릴라. 그는 테이블에 앉아 있던 한 신사에게 다가가 시비를 건다. 처음에는 장난을 치고, 그르렁대고, 그의 컵을 깨고, 울부짖고, 결국에는 그를 연회장 밖으로 쫓아버린다. 고릴라의 울부짖음과 엘보 클러치를 땅바닥에 치면서 내는 굉음이 연회장을 순식간에 공포로 몰아넣는다. 행위예술을 감상하러 온 사람들은 이제 아무도 로고진을 쳐다보지 못한다. 모두 고개를 숙이고 있었다. 잠시 후에 야생동물과 마주하게 될 것이라는 안내방송의 내용은 진짜였던 것이다.

화가 잔뜩 난 로고진이 원형 식탁 위로 뛰어오른다. 여덟 명이 둘러앉아 있던 식탁은 난장판이 되고 만다. 하지만 그 누구도 나서서 뭐라고 하지 않는다. 모두 조용히 고개를 숙이고 있을 뿐이다. 이때, 로고진이 한 여성의 몸을 더듬기 시작한다. 공포에 질린 여성이 도와달라고 말하지만 모두 고개를 숙이고 있다. 같은 식탁에 앉은 사람에게 도와달라고 요청하지만, 아무도 이 행위예술가의 행동을 제지하려고 하지 않는다. 심지어 로고진이 이 여성의 머리채를 잡아 쓰러뜨리고, 머리를 잡은 채로 바닥에서 질질 끌고 가도 모두 조용하다. 정글은 침묵이 지배하고 있었다.

제70회 칸 영화제에서 황금종려상을 수상한 루벤 외스틀룬드 감독의 〈더 스퀘어〉는 '더 스퀘어'라는 전시회를 앞두고 일어나는 놀라운 사건들을 담고 있다. 도대체 왜 아무도 나서지 못하고, 모두 고개를 숙인 채 침묵을 지키고 있었던 것일까?

다수의 무지

사람들이 모여서 집단을 이루면 구성원들 사이에 특정한 상황에서 어떻게 행동해야 하는지에 대한 합의가 생기는데,

이를 규범이라고 한다. 사람들은 자신들이 공유하고 있는 집단 규범을 지키지 않는 사람을 불편해하고, 배척하고, 심지어는 규범을 어긴 사람에게 물리적 폭력을 가하기도 한다. 따라서 사람들은 집단의 규범이 무엇인지 정확하게 알아내려고 하고, 일단 규범을 파악하게 되면 스스로 그 규범을 준수하기 위해 노력한다.

사람들은 집단 구성원 다수의 의견을 집단 규범으로 채택하고, 그래서 다수의 의견에 동조하는 경향이 있다. 흥미로운 것은 다수의 의견이 무엇인지에 대한 판단에 오류가 발생하기 쉽다는 것이다. 예를 들어, 대형 강의실에서 한 교수가 매우 복잡하고 난해한 주제에 대해 설명하고 있다. 나는 전혀 이해가 가지 않는다. 그래서 질문을 할까 생각했다. 그런데 다른 사람들을 보니 열심히 그 교수의 설명을 받아 적고 있다. 아무도 질문할 생각은 하지 않는다. 다수는 강의 내용을 이해하고 있고, 그래서 질문이 필요 없다고 생각하는 것 같다. 이런 상황에서 질문을 한다는 것은 질문이 필요 없다고 생각하는 다수를 불편하게 만드는 일이 될 것이다. 괜히 질문을 해서 강의실에 있는 다수의 눈총을 받을 필요가 없다고 판단한다. 나만 바보같이 이해하지 못했다는 것을 만천하에 드러낼 수 없으니, 나중에 따로 책을 보고 공부해야겠다고 결정한다. 결국 아무도 질문하지 않고 강의가 끝난다. 과연 나만 강의 내용을 이해하지 못했던 것일까?

사실은 모든 사람이 강의 내용을 이해하지 못하고 있었다. 그런데 모든 사람이 강의 내용을 자신만 이해하지 못하고, 다른 사람들은 전부 이해하고 있다고 생각해서 질문하지 않았던 것이다. 아무도 이해하지 못했지만, 모두 나 외의 다른 사람들은 이해했을 것이라고 착각한 것이다. 결국, 집단 구성원 개개인이 가지고 있는 실제 생각(이해하지 못했으니 질문하자)과는 정반대의 생각(이해하고 있으니 침묵하자)이 다수의 생각이라고 잘못 판단하게 되고, 그것이 집단의 규범이 된 것이다. 이를 다수의 무지(Pluralistic Ignorance) 현상이라고 한다.

X-로열의 연회장에 있었던 참석자들 개개인은 여성에게 폭력을 가하는 행위예술은 예술이 아닌 폭력이라고 생각하고, 로고진을 제지해야 한다고 생각하고 있었을지도 모른다. 그런데 주위를 둘러보니 다른 사람들은 모두 조용히 행위예술을 감상하고 있는 것처럼 보인다. 행위예술 시작 전에 안내방송도 있었다. 정글에서 야생동물과 마주치는 경험을 하게 될 것이라고. 혹시, 나만 행위예술을 성폭력이라고 생각하고 있는 것은 아닐까? 괜히 혼자 나서서 로고진을 제지했다가는 로고진의 행위예술을 즐기고 있던 다수로부터 엄청난 비난을 받게 될지도 모른다. 나만 행위예술의 진면목을 이해하지 못하는 촌스러운 사람이라는 것을 다른 사람들에게 드러낼 수는 없으니, 너무 폭력적

이라 거슬리기는 하지만 나도 행위예술이 끝나기만을 조용히 기다려야겠다고 생각한다. 이렇게 침묵은 집단의 규범이 된다.

이탈자 효과

집단 규범에 대한 동조압력은 집단 내에서 의견이 만장일치를 이룰 경우에 최대가 된다. 모두가 침묵하고 있으면, 침묵이라는 규범을 따르라는 압력은 극대화된다. 하지만 집단 내에서 한 명이라도 이탈자가 있으면 규범에 대한 동조는 크게 줄어든다. 만장일치가 깨지는 순간 나 혼자만 집단에서 이탈된다는 두려움이 감소하기 때문이다. 모두가 침묵하고 있을 때 한 사람이 손을 들고 질문함으로써 침묵에 대한 만장일치의 합의가 깨지면, 청중들이 느끼는 침묵에 대한 동조압력은 급격하게 감소한다.

로고진이 여성을 강간하려는 자세를 취하고 여성의 비명이 극에 달했을 때, 드디어 한 남성이 뛰쳐나와 로고진을 제압한다. 침묵이라는 규범으로부터 이탈한 사람이 생긴 것이다. 그러자 얼마 지나지 않아서 수많은 사람이 달려 나와 로고진에게 주먹을 퍼붓는다. 규범이 바뀐 것이다. 침묵에서 응징으로.

흥미로운 것은 만장일치를 깨는 이탈자가 반드시 멋진 질문이나 영웅적 행동을 하지 않아도 된다는 사실이다. 만약 만장일치를 깬 한 명의 이탈자가 강의 내용과는 아무 상관도 없는 엉뚱한 질문을 해도 침묵에 대한 동조 압력은 크게 줄어든다. 그 결과, 침묵은 사라지고 여기저기서 질문이 튀어나오기 시작한다. 사람들은 다른 사람이 용감하게 다수의 의견과 다른 의견을 내는 것을 보면, 그 의견이 틀린 경우에도 자신의 목소리를 낼 용기가 생긴다.

엉뚱하고 황당한 사람도 필요한 이유

주변에는 엉뚱하거나, 조금 더 심각하게는 황당하다는 생각까지 들게 만드는 사람들이 있다. 이들이 주로 이탈자의 역할을 하는 사람들이다. 이탈자의 행동은 많은 경우에 우리를 불편하게 한다. 그들의 행동은 다수의 구성원이 암묵적으로 합의한 규범에 부합하지 않고, 우리는 대부분 집단 규범에 충실한 사람들이기 때문이다. 그래서 이탈자는 집단 구성원들로부터 배척당하기 쉽다.

이탈자의 시도는 쓸모없어 보인다. 왜냐하면 집단 규범은 바뀌지 않을 것처럼 보이기 때문이다. 실제로 이탈자의 행동이나 의견은 엉뚱하고 황당하기만 할 뿐 아무런 호소력이 없을 때도 있다. 하지만 만장일치를 깼다는 것 자체만으로 이탈자는 집단에 새로운 생각과 행동의 공기를 불어넣어 준다. 그 덕분에 우리는 다수의 무지로부터 깨어날 수 있는 것이다. 엉뚱하고 황당한 사람도 세상에 필요한 이유다.

24.

봉변을 당하지 않고 휴가를 즐길 수 있는 방법

접촉 가설 : 그린 북(Green Book)

"내 딸이 석탄 자루들하고 있을 때 자빠져 자고 있지 말라고. 알아들었어?"

장인이 사위를 나무란다.

"업체에서 가지들을 보낼 줄 제가 알았겠어요?"

사위도 자기 눈앞의 상황이 마음에 들지 않기는 마찬가지다.

석탄 자루와 가지

클럽에서 새벽까지 일하고 동이 틀 무렵에야 집에 들어온 토니(비고 모텐슨 분). 술에 취해서 주먹을 휘두른 손님을 제압하느라 힘을 좀 썼더니 피곤함이 몰려온다. 곤히 잠들었다가 갑자기 시끌벅적한 소리에 잠에서 깨서 거실로 나가보니 다섯 명의 남자가 소파에 앉아서 고함을 지르고 있다. 장인과 친척들이 야구 경기 중계방송을 보고 있다. 도대체 왜 이 시간에 다들 자기 집에 안 있고, 여기 모여서 소리를 지르고 있는 거지?

이유를 물어보니 토니의 아내 돌로레스(린다 카델리니 분) 곁에 있어주려고 왔단다. 험악하고 거친 일들이 벌어지는 1962년 뉴욕 브링스의 코파카바나 클럽에서 힘과 주먹이 필요할 때 부르는 사람이 바로 토니다. 그런데 토니가 있는 집에 토니의 아내를 지키겠다고 남자 친척 다섯 명이 모여 있는 것이다.

주방 바닥에 곰팡이가 펴서 교체작업을 업체에 요청했고, 인부 두 명이 와서 일을 하고 있었다. 흑인 남자 인부 두 명. 장인이 말한 '석탄 자루'와 토니가 말한 '가지'는 바로 이 두 명의 흑인을 가리킨 것이었다. 장인과 친척들이 모인 이유는 토니가 자고 있는 동안 돌로레스가 흑인 남자 두 명과 함께 있는 게 안전하지 않다고 생각했기 때문이다.

작업이 마무리되자, 돌로레스는 두 명의 인부에게 음료수를 한 잔씩 건넨다. 감사하다며 음료수를 마시고 조용히 떠난 인부들. 그들의 입술이 닿았던 유리컵을 물끄러미 바라보는 토니. 그는 무슨 병균이라도 묻은 봉지를 집어 올리듯 유리컵을 손가락 끝으로 잡아서 바로 쓰레기통에 던져버린다.

화를 당하지 않고 휴가를 즐기기 위한 가이드 북

1962년, 인종분리라는 이름으로 인종차별이 이루어지던 시절. 차별은 법과 관습, 그리고 관례라는 이름으로 잔인하게 실행되고 있었다. 흑인은 백인이 사용하는 화장실을 사용할 수 없다. 돈이 있어도 백인들이 식사하는 레스토랑에 가서 음식을 사 먹을 수 없다. 양복점에서 백인은 옷이 잘 맞는지 먼저 입어볼 수 있지만, 흑인은 양복을 사겠다고 해도 입어볼 수는 없다. 해가 떨어지고 난 다음에 밖에 돌아다녀서도 안 된다.

여행 중에도 돈이 있다고 해서 아무 데서나 잘 수도 없다. 흑인들만 머물 수 있는 지정된 업소에서만 숙박이 가능하다. '그린 북'은 바로 흑인들이 잘 수 있는 숙박업소가 어디에 있는지 안내한 책자다. 함부로 백인 숙박업소에 들어갔다가는 구타를 당할 수도 있고, 심지어 목숨이 위태로울 수도 있던 시절, 그린 북은 흑인들에게 안전 가옥을 안내한 책자다.

'화를 당하지 않고 휴가를 즐기기 위한 니그로 운전자를 위한 가이드 북.' 60년대 실제 그린 북의 표지에는 왜 흑인들이 그린 북을 가지고 다녀야 하는지 이렇게 쓰여 있었다.

2019년 아카데미 시상식에서 작품상을 수상한 피터 패럴리 감독의 〈그린 북〉은 인종차별이 정상으로 간주되던 시절 백인 남자와 흑인 남자가 함께 두 달 동안 인종차별이 가장 심했던 미국의 남부를 여행한 기록을 담은 로드 무비다. 실화를 토대로 만들어진 이 영화의 주인공은 흑인에 편견을 가지고 있던 이탈리아계 백인 남자 토니 발레롱가와 천재적인 흑인 피아니스트 돈 셜리다. 흥미롭게도 각본을 쓴 사람 중 한 명은 토니 발레롱가의 아들 닉 발레롱가다. 닉은 이 영화로 다른 두 명의 작가와 함께 아카데미 각본상을 받았다. 돈 셜리 역의 배우 마허샬라 알리는 아카데미 남우조연상을 수상했다.

접촉 가설

서로 잘 맞지 않는 남자 둘이 티격태격하면서 길을 떠나고, 여행을 마치고 다시 집에 돌아왔을 때는 결국 서로를 더 깊게 이해하게 된다는 로드무비의 공식을 충실히 따르고 있는 영화 〈그린 북〉. 이 영화는 고정관념과 편견을 해소하기 위해서는 직접 만나서 부대끼고, 상호작용해야 한다는 우리의 믿음을 확인시켜 준다. 심리학에서는 이를 접촉 가설(contact hypothesis)이라고 부른다. 접촉이 갈등을 줄인다는 것이다. 상대를 자주 만나보지 않아서 서로 잘 모르기 때문에 오해가 생기고, 그 결과 고정관념과 편견이 발생한다. 그러니 이를 극복하기 위해서는 만나서 서로를 이해할 수 있는 상호작용의 기회를 충분히 가져야 한다는 것이다.

접촉 가설은 직관적이고 설득력이 있다. 하지만 실제 연구들에 따르면 고정관념과 편견을 이미 가지고 있는 사람들을 자주 만나게 하면 오해와 편견을 줄이기보다는 오히려 갈등을 심화시키는 경우가 많다. 흑인에 대한 편견을 가지고 있는 토니와 백인을 인종차별주의자라고 생각하는 돈이 자주 만나면 서로를 이해하기보다는 더 미워하고 싸우게 될 가능성이 높아진다는 것이다. 그렇다면 영화에서는 어떻게 접촉의 빈도가 증가하면서 토니와 돈이 서로를 더 깊이 이해하는 친구가 될 수 있었을까?

만남이 증오와 전쟁의 시작이 되지 않으려면

접촉이 우리가 기대한 긍정적인 효과를 유발하기 위해서는 몇 가지 조건이 필요하다는 것을 심리학 연구들은 보여준다. 우선, 접촉하는 둘이 공동의 목표를 가지고 있어야 한다. 토니와 돈은 모두 계획된 공연을 다 마치는 것이 목표였다. 공연을 모두 무사히 마쳐야 공연기획사가 약속한 돈을 마저 받을 수 있었다. 둘에게는 같은 목표가 있었다. 만약 둘의 목표가 다르고 심지어 서로 경쟁하는 상황이라면, 고정관념과 편견을 가지고 있는 사람들의 만남은 쉽게 전쟁으로 변한다.

둘째, 공동의 목표를 가지고 있는 두 사람이 서로 상호보완적인 역할을 수행할 수 있다면, 서로에 대한 호감과 존경심은 쉽게 자란다. 토니는 완력과 현장지능으로 돈을 보호하는 역할을 한다. 반면, 돈은 토니가 아내에게 쓰는 초등학생 수준의 편지를 아름다움과 감동의 시로 탈바꿈시켜 주는 선생님 역할을 한다. 둘은 상호보완적이다. 하지만 상대가 공동의 목표를 위해 아무것도 하지 않거나 또는 할 수 없다면 상대에게 가지고 있던 고정관념과 편견은 변하지 않거나 오히려 강화된다.

셋째, 상호작용은 서로 동등한 지위에서 이루어져야만 성공적이다. 둘 중 한 사람이 더 높은 지위나 권력을 가지고 있는 상황에서의 상호작용은 갈등을 유발하기 쉽다. 갈등은 다시 기존의 고정관념과 편견을 강화한다. 토니가 운전기사 면접을 보러 카네기 홀에 있던 돈의 거처를 찾아갔을 때, 돈은 토니에게 여행 중 자신의 옷을 다리고, 구두를 닦고, 시중드는 일도 해야 한다고 요구한다. 하지만 토니는 단호하게 그런 하인 같은 일은 절대 못 한다고 못 박는다. 토니는 대등한 관계를 요구했고, 이를 관철시킨다. 공연장소로 돈을 데려다주고 그를 보호하는 보디가드의 임무. 둘의 만남은 그래서 동등하게 시작될 수 있었다.

우리는 만나야 한다. 만나지 않고 해결할 수 있는 갈등은 없다. 하지만 우리가 만남을 증오가 아닌 사랑으로, 전쟁이 아닌 평화로 만들기 위해서는 만남이 사랑과 평화로 자랄 수 있는 조건이 충족되었는지 먼저 확인해야 한다. 만남을 증오와 전쟁으로 만드는 악마는 우리가 신경 쓰지 못하고 지나쳤던 곳, 즉 디테일에 숨어 있기 때문이다.

25.
마음은 어떻게 빈곤에 빠지나

가난의 심리학 : 기생충(Parasite)

"절대 실패하지 않는 계획이 뭔 줄 아니? 무계획이야. 무계획. 노 플랜. 왜냐? 계획을 하면 반드시 계획대로 안 되거든. 인생이. (중략) 그러니까 계획이 없어야 돼, 사람은. 계획이 없으니까 뭐가 잘못될 일도 없고, 또 애초부터 아무 계획이 없으니까 뭐가 터져도 다 상관없는 거야."

계획에 없던 일들

온 가족이 피자 포장 상자를 조립해서 연명할 정도로 가난한 가족. 그들에게 드디어 절호의 기회가 찾아온다. 이들은 절묘한 계획으로 엄청난 부잣집에 식구 네 명이 모두 취업하는데 성공한다. 아들은 영어 과외 선생으로, 딸은 미술치료 선생으로, 아버지는 운전기사로, 그리고 어머니는 가사도우미로. 모든 게 계획한 대로 됐다고 생각한 순간, 하늘에서 갑자기 폭우가 쏟아지고, 계획에 없던 일들이 벌어지기 시작한다. 제72회 칸 영화제에서 황금종려상을 수상한 봉준호 감독의 〈기생충〉은 가난에서 벗어나기 위해 분투하는 4인 가족의 모습과 이들의 참담한 실패를 보여준다.

사람들은 미래를 계획한다. 하지만 계획했다고 해서 모든 일이 계획한 대로 진행되는 것은 아니다. 계획에 없던 일들이 발생하는 것이 인생이다. 문제는 계획에 없던 일들이 발생했을 때 받는 충격의 크기가 사람마다 다르다는 것이다. 특히, 그 사람이 가지고 있는 재산의 규모에 따라 예상치 못했던 사건이 삶에 주는 충격의 정도는 크게 달라진다.

갑자기 폭우가 쏟아지는 것도 우리가 흔하게 경험하는 계획에 없던 일 중 하나다. 비가 올 줄도 모르고 캠핑장으로 떠났던 박 사장(이선균 분) 가족은 캠핑을 취소하고 집으로 돌아온다. 캠핑을 가자고 졸랐던 막내는 운동장만큼이나 큰 잔디밭에 있는 인디언 텐트에 들어가서 캠핑장에 가지 못했던 아쉬움을 달랜다. 계획에 없던 폭우 때문에 박 사장 가족이 겪게 되는 스트레스는 계획했던 캠핑을 취소하는 것에 불과하다.

하지만 같은 날, 같은 폭우 때문에 저지대에 사는 가난한 사람들의 집은 속수무책으로 침수 피해를 당한다. 기택(송강호 분)의 반지하 집도 예외는 아니다. 집은 물에 완전히 잠기고, 변기에서는 오물이 끊임없이 역류한다. 긴급 대피소로 지정된 인근 학교 체육관에는 침수 피해를 입은 사람들로 넘쳐난다. 계획에 없던 일들은 가난한 사람들에게 훨씬 더 가혹하고 치명적인 상처를 남긴다.

가난의 심리적 의미

가난하다는 것은 경제적인 차원에서 보면 기본적인 욕구를 충족시킬 만한 충분한 '돈'이 없다는 것을 의미한다. 문제는 경제적인 빈곤으로 인해 심리적 자원 역시 고갈된다는 점이다. 부자들은 일상의 많은 일을 쉽게 통제할 수 있다. 핵전쟁 대비용 지하 벙커까지 있는 집에서 사는 부자에게 물폭탄은 미세먼지 없는 맑은 하늘을 선물한 감사한 사건에 불과하다. 하지만 가난한 사람에게 집중 호우는 자신들의 거처를 삼켜버릴 수도 있는 재앙이 된다. 통제 불가능한 일들로 가득한 세상에서 살아야 하는 가난한 사람들에게 일상은 수많은 스트레스가 된다. 그리고 이러한 스트레스는 심리적인 자원을 갉아먹는다. 따라서 가난해진다는 것은 심리적인 차원에서 보면 합리적인 판단과 의사결정을 하고 미래를 계획하는 데 필요한 충분한 심리적인 자원이 부족해짐을 의미한다. 경제적 빈곤은 심리적 자원의 빈곤을 유발한다.

우리가 가지고 있는 심리적 자원의 양은 제한적이다. 따라서 하나의 문제를 해결하기 위해 심리적 자원을 소모하면, 다른 문제를 해결하기 위해 쓸 수 있는 심리적 자원이 부족해진다. 집에 물난리가 나서 이를 수습하느라 혼이 쏙 빠진 사람에게 미래를 계획하는 데 필요한 심리적인 자원이 남아 있을 리가 없다. 그 결과, 경제적 빈곤은 사람을 피곤하고 무기력하게 만든다.

빈곤 스트레스

집이 물에 잠길 정도의 큰 스트레스가 아니더라도, 부자들에게 전혀 문제가 되지 않는 의사결정도 가난한 사람들에게는 큰 스트레스가 될 수 있다. 영국 워릭 대학교의 경제학자인 아난디 마니Anandi Mani와 미국 프린스턴 대학교의 인지심리학자 엘다 샤퍼Eldar Shafir 등이 〈사이언스Science〉 지에 발표한 연구에서는 자동차에 결함이 발견돼서 수리를 해야 하는데, 수리비가 약 180만 원 나왔을 때 이 문제를 어떤 방식으로 해결할지를 물었다. 자동차보험은 수리비의 10%만 보장해 준다. 따라서 수리비를 현금 일시불로 지급할지, 돈을 빌려서 다달이 원금과 이자를 갚아나갈지, 아니면 수리를 하지 않고 운에 맡긴 채 당분간 차를 운행할 것인지를 결정해야 했다.

사실 이 연구의 관심사는 참여자가 어떤 수리 방식을 선택하는지가 아니었다. 어떤 선택을 하든, 의사결정을 하는 과정에서 사람들이 가지고 있는 심리적 자원이 얼마나 많이 고갈되는지, 그리고 그 결과가 이후의 과제수행에 어떤 영향을 미치는지를 알아보고자 하였다. 참여자들은 자동차 수리비 지출과 관련된 의사결정을 한 다음에 유동성 지능검사를 받았다. 유동성 지능검사는 새로운 환경에서의 적응력과 판단력, 그리고 논리력을 측정하는 검사다. 결과에 따르면, 수리비 고민을 해도 부자들의 지능검사 점수는 변하지 않았다. 하지만 가난한 사람들은 수리비 걱정 후에 지능검사 점수가 낮아진 것으로 나타났다.

인도의 사탕수수 농부들을 대상으로 한 연구에서도, 사탕수수 추수 대금이 입금되지 않아서 경제적인 걱정이 심했던 빈궁기에는 농부들의 유동성 지능검사 점수가 떨어지는 것으로 나타났다. 하지만 사탕수수 추수 대금이 입금되어서 경제적인 걱정이 덜어지고 난 후에는 지능검사 점수가 다시 회복되었다.

놀라운 것은 수면 연구와 비교했을 때, 경제적 걱정 때문에 발생하는 지능검사 점수 감소의 정도는 하룻밤 수면을 박탈했을 때와 맞먹는 크기인 것으로 나타났다. 경제적인 걱정을 하면서 살아간다는 것은 밤에 잠을 한숨도 자지 못하고 생활하는 것과 유사한 정도의 크기로 우리의 마음을 피곤하게 만든다는 것이다.

빈곤이 가장 먼저 무너뜨리는 것

무계획은 절대 실패하지 않는 계획이지만, 절대 성공할 수 없는 계획이기도 하다. 성공은 미래를 준비하고 계획하는 사람에게 주어질 확률이 높은 선물이기 때문이다. 하지만 빈곤은 심리적 자원을 고갈시켜서 미래를 계획하는 것을 불가능하게 만든다. 경제적 빈곤이 가장 먼저 무너뜨리는 것은 우리의 마음이다.

26.

사랑은 내 얼굴에 그의 모습이 새겨지는 것을 허락한다

닮아감의 심리학 : 셰이프 오브 워터: 사랑의 모양(The Shape of Water)

"신은 우리를 닮았겠지. 물론 당신보다는 내 쪽을 더 닮았을 가능성이 높고."

미 항공우주연구센터 비밀 실험실의 보안 책임자 스트릭랜드(마이클 섀넌 분). 그는 신이 자신의 모습을 하고 있을 것이라고 확신한다. 백인 남자의 모습. 신과 자신이 닮았을 것이라는 믿음 자체는 맞는지 틀리는지 확인할 수 없지만 크게 문제가 되진 않는다. 문제는 이러한 믿음에 신과 닮은 자신은 우월하고, 자신과는 다른 모습을 한 존재는 열등하다는 생각이 덧붙여질 때 발생한다. 더구나 열등한 존재는 차별해도 되고, 심지어 폭력을 행사해도 된다는 생각은 세상을 위험에 빠뜨린다. 신의 피조물들로 가득 찬 바로 그 세상을 위태롭게 만드는 것이다.

차별은 차별을 합리화할 수 있는 다름을 발견하는 것에서부터 시작한다. 가장 쉽게, 그리고 가장 확실하게 다름을 발견할 수 있는 것이 바로 상대의 외모다. 피부색과 성별이 가장 쉽게 차별의 근거로 이용되는 이유다.

제74회 베니스 국제 영화제에서 황금사자상을 수상한 기예르모 델 토로 감독의 〈셰이프 오브 워터: 사랑의 모양〉은 다름에 대한 차별이 당연시되던 1962년 미국 볼티모어를 배경으로 한다. 흑인이 법적으로 백인과 동등한 권리를 보장받지 못하던 시절이다. 남북전쟁이 끝나고 1863년 1월 1일 노예해방령이 선포되었지만, 흑인은 실질적인 투표권을 행사할 수 없었다. 투표세를 부과하고 투표자격 시험을 통해 흑인이 투표할 수 있는 기회를 차단했기 때문이다. 지금은 상상할 수도 없는 일들이 너무 자연스럽게 자행되던 시기. 실질적으로 흑인이 자유롭게 투표를 할 수 있게 만든 투표권법(Voting Rights Act)은 1965년이 되어서야 비로소 통과되었으니, 영화는 차별이 정상으로 인식되던 시절의 이야기다.

차별은 모든 다름을 겨냥한다

차별은 흑인만을 향하지 않는다. 차별은 모든 다름을 겨냥한다. 말을 전혀 하지 못하는 언어장애인 일라이자(샐리 호킨스 분). 일라이자와 함께 비밀 실험실에서 청소 일을 하고 있는 흑인 여성 젤다(옥타비아 스펜서 분). 백인 남자이지만 게이인 자일스(리처드 젠킨스 분). 이들은 모두 차별의 대상이고, 그 이유는 다름에 있다.

다름을 확인하는 순간 다정함은 적의로 돌변한다. 자일스는 친절한 파이 가게 백인 총각에게 사랑의 감정을 품게 되고, 용기를 내서 자신의 마음을 전달한다. 바로 그 순간 파이 가게로 흑인 부부가 들어와 자리에 앉으려고 한다. 옷차림으로 봐서는 중산층 이상의 전문직으로 보이는 흑인 부부에게 백인 총각이 단호하게 말한다. 앉지 말라고. 매장에는 자일스가 이미 앉아 있었고, 빈 좌석들이 많은데도 앉지 못하게 한다. 여기는 테이크아웃만 하는 매장이라며 다시 한번 소리친다. "어서 나가!" 그리고 자일스에게 말한다. "당신도 나가줘. 여긴 가족식당이야." 그렇게 친절하고 다정다감했던 청년에게 흑인과 게이는 가족들이 봐서는 안 될 존재였던 것이다.

이 영화에서 가장 이질적인 존재는 바로 비밀 실험실의 수조에 갇혀 있는 생명체(더그 존스 분)다. 브라질의 아마존에서 잡아 왔다는, 파충류의 피부에 아가미가 달린 존재다. 인간과 비슷한 골격을 가지고 있지만, 도마뱀처럼 보이기도 하는 이 생명체는 인간의 언어를 구사하지 못한다. 인간과는 너무 달라 보이는 대상. 따라서 이 생명체에 대한 잔인한 폭력은 아무런 죄책감 없이 행해진다. 아마존의 원주민들에게는 신으로 추앙받았던 존재이지만 비밀 실험실에서는 조롱과 폭력의 대상일 뿐이다. 살아 있는 이 생명체를 해부해 버리겠다는 의사결정은 매우 쉽게 이루어진다. 인간이 아니라고 생각하기 때문이다. 나와 다른 존재라고 생각하면, 더구나 나보다 열등한 존재라고 생각하면, 살아 있는 생명을 죽음에 이르게 하는 일에 큰 고민과 갈등, 그리고 죄책감이 수반되지 않는다.

인간이 인간을 향해 저질렀던 수많은 폭력은 바로 상대를 인간 이하의 존재라고 규정하는 것에서부터 시작됐다. '개××', '개만도 못한 놈'이라는 욕은 상대가 인간이 아닌 존재 또는 동물보다도 열등한 존재로 보인다고 말하는 것이다. 대규모의 학살은 특정 집단에 속한 사람들이 모두 인간 이하의 존재로 보이기 시작할 때 이루어진다. 현재에도 세계 곳곳에서 진행되는, 인간이 인간에게 자행하는 수많은 학살은 무차별적이다. 학살은 남녀노소를 구분하지 않는다. 어린아이조차도 학살의 대상이 되는 이유는 '그놈들은 애나 어른이나 다 똑같이 인간 이하의 존재'라고 생각하기 때문이다.

사랑과 유사성

모두가 이 아마존 생명체와 우리의 차이점에 주목할 때, 이 존재와 자신의 유사성을 볼 수 있었던 사람이 바로 일라이자다. 말을 하지 못하는 일라이자는 이 생명체가 말을 하지 못한다는 것이 자신과 닮은 점이라고 생각한다. 자신과 이 생명체의 공통점을 발견한 것이다.

"나도 그처럼 입을 뻥긋거리고 소릴 못 내요. 그럼 나도 괴물이에요?" 일라이자는 말을 하지 못한다고 해서 자신이 괴물이 아니듯, 실험실의 생명체도 우리와 다르지 않은 존재라고 믿는다. 그리고 자신과 생명체의 유사성에 대한 발견은 사랑의 감정으로 이어진다.

소리를 내서 말하지는 못하지만, 둘이 서로를 교감하는 데는 아무런 문제가 없다. 달걀을 먹고, 음악을 들으며 데이트를 즐긴다. 낯선 외모가 주었던 공포는 점점 사라진다. 친숙함은 안전감을 증가시키고, 사랑의 감정을 강화한다. 이제 두려움은 설렘으로 바뀌고, 물고기처럼 깜박거리는 눈은 사랑스럽기까지 하다.

일라이자가 이 생명체와 사랑에 빠지는 가장 큰 이유는 자신을 장애인이라는 특별한 존재로 보지 않기 때문이다. "그는 나를 있는 그대로 봐줘요." 말을 하지 못하는 자신을 장애인으로 보는 다른 사람들과는 달리 실험실의 생명체는 일라이자를 일라이자라는 존재 자체로 인식한다. 사랑은 상대가 나와 다르지 않은 존재라는 사실을 지각하는 것에서부터 시작된다. 그리고 우리의 사랑은 우리를 동등한 존재로 바라보는 사람을 향한다.

사랑이 만들어낸 아가미

둘의 사랑은 서로가 다른 존재가 아니라는 믿음에서 시작되었지만, 사실 둘은 다르다. 물속에 있어야 자유롭게 숨을 쉴 수 있는 생명체와 물속에서는 숨을 쉴 수 없는 인간은 달라도 너무 다르다. 둘의 사랑은 비극적 결말을 예상케 한다. 둘의 사랑이 영원할 수는 없을까?

깊은 물속으로 이 생명체를 껴안고 함께 가라앉기 시작한 일라이자. 그런데 갑자기 일라이자의 목에 있던 상처에서 아가미가 돋아나고, 일라이자도 물속에서 숨을 쉬기 시작한다. 사랑은 둘을 실제로도 비슷하게 만들어가고 있었던 것이다. 물론 우리가 누군가를 사랑한다고 해서 목에서 아가미가 생기지는 않는다. 하지만 사랑은 사랑하는 사람을 서로 비슷하게 만든다.

미국 미시간 대학교의 사회심리학자인 로버트 자이언스Robert Zajonc 등은 사랑하는 사람들이 오랜 세월 함께 살다 보면 얼굴이 비슷해진다는 사실을 발견했다. 연구팀은 결혼한 지 25년 정도 된 실제 부부와 무작위로 짝지어진 남녀의 약 25년 전 사진과 최근 사진을 준비했다. 그리고 누가 부부인지 모르는 사람들에게 사진을 보여주고 얼굴이 닮은 정도를 판단하게 했다. 결과에 따르면, 실제 부부 사진의 경우에는 젊었을 때보다 나이가 든 후의 사진들이 더 닮았다고 한 사람이 많았다. 하지만 무작위로 짝지어진 남녀 사진의 경우에는 젊었을 때나 나이가 든 후에나 모두 유사성이 떨어진다고 답변한 것으로 나타났다.

부부가 세월이 지날수록 얼굴이 닮아가는 이유는 함께 사는 동안 서로의 정서 경험을 공유했기 때문이다. 정서는 전염된다. 기쁠 때 함께 기뻐하고 슬플 때 함께 슬퍼하면서 같은 얼굴의 근육을 사용하고, 이러한 역사가 천천히 부부의 얼굴을 비슷하게 만드는 것이다. 연구자들은 실험에 사진을 제공했던 실제 부부들에게 자신들의 얼굴이 유사하다고 생각하는 정도, 결혼생활에 대한 만족도, 행복감, 그리고 살면서 경험했던 긍정적이거나 부정적인 사건들의 수 등에 대해 질문했다. 연구 결과, 결혼생활을 한 지 25년 된 부부들은 서로를 많이 닮았다고 생각하면 할수록 더 행복한 것으로 나타났고, 걱정이나 근심들도 더 많이 공유하고 있는 것으로 나타났다. 서로의 정서를 많이 공유할수록 부부는 더 행복해지고, 얼굴은 더 닮아가는 것이다.

물의 형태와 사람의 형태

물의 형태는 다양하다. 실험실 수조에 담긴 물과 버스 창에 떨어진 빗방울은 모양이 다르다. 어떤 모양의 컵에 담겨 있느냐에 따라 물의 외형은 크게 달라진다. 하지만 물이라는 본질은 동일하다.

사람의 형태도 다양하다. 다른 피부색을 가지고 있는 사람, 다른 국적을 가지고 있는 사람, 다른 몸을 가지고 있는 사람, 다른 생각을 가지고 있는 사람. 하지만 인간이라는 본질은 동일하다.

차별을 없애는 것은 그도 나와 다르지 않은 존재라는 생각이다. 사랑은 차별 없는 마음에서 자라난다. 그리고 사랑은 내 얼굴에 그의 모습이 새겨지는 것을 허락한다.

Part 3

가을의 영화, 쓸쓸한 위로

27.
몸에 난 상처보다 마음에 난 상처가 더 오래가는 이유

생각과 감정의 되새김 : 나의 해방일지(My Liberation Notes) 1

"정신이 맑으면, 지나온 사람들이 우르르 몰려와. 전부 다.

죽은 사람도.

아침에 일어나면, 잠자던 그 인간들도 하나, 둘, 일어나서, 와.

한 놈, 한 놈. 끝도 없이.

…

찾아온 인간들. 머릿속으로 다 작살내. 쌍욕을 퍼붓고.

그렇게 한 시간을 앉아 있으면, 지쳐.

(중략)

일어나자. 마시자.

마시면 이 인간들 다 사라진다."

(나의 해방일지, 16화)

맨정신이 힘겨운 사람

구역질 나는 과거의 기억들. 오늘 감당해야 하는 폭력과 불안. 꿈도 꾸고 싶지 않은 미래. 삶은 구질구질하다. 구씨(손석구 분)는 눈 뜨자마자 또 술을 들이붓는다. 너무 힘들고, 너무 지친다. 술 없이는 나를 견딜 수 없다.

박해영 작가가 극본을 쓴 〈나의 해방일지〉의 구씨에게 술은 약이다. 아침부터 쓰러져 잠들 때까지 쉬지 않고 복용해야 하는 약이다. 이 약은 통증을 줄이기 위해 필요하다. 몸이 아닌 마음의 통증. 그래서 몸도 뇌도 망가지고 있다는 것을 분명히 알지만 마실 수밖에 없다. 맨정신으로 사는 것은 너무 힘드니까. 술이 들어가면 그래도 맨정신으로 있는 것보다는 조금 덜 힘들다. 그래서 마신다. 그의 주머니에는 늘 술병이 꽂혀 있다. 마치 약병처럼.

몸에 난 상처보다 마음에 난 상처가 더 오래 가는 이유

몸에 난 상처는 시간이 지나면 딱지가 아물고 떨어지는 과정을 통해 치유된다. 하지만 마음에 입은 상처는 몸에 난 상처보다 잘 아물지 않고, 더 오랜 시간 우리를 괴롭히는 경우가 많다. 구씨의 몸에 난 수많은 상처는 흉터가 남아 있을지언정 이제는 구씨를 아프게 하지는 못한다. 매일 구씨를 괴롭히는 것은 마음에 입은 상처다. 왜 마음의 상처는 쉽게 아물지 못하는 것일까?

몸에 상처가 나면 우리는 그 상처가 잘 아물 때까지 상처를 다시 건드리지 않는다. 상처가 덧나지 않도록 잘 소독하고, 밴드나 거즈로 안전하게 감싸기도 한다. 잘못해서 상처를 건드렸다가는 덧나게 되고, 상처가 낫는 데까지 더 오랜 시간이 걸린다는 것을 우리는 잘 알고 있다.

마음의 상처도 몸의 상처와 다르지 않다. 상처를 건드려 덧나게 만들면, 치유하는 데 더 많은 시간이 필요하다. 하지만 문제는 몸에 난 상처와는 달리 마음에 난 상처를 건드리지 않는 일이 무척 힘들다는 것이다. 왜냐하면 마음의 상처는 우리의 기억 속에 자리 잡고 있기 때문이다.

오래전 마음의 상처가 기억 속에 가라앉아 있다가 우리의 의지와는 무관하게 갑자기 현재 나의 의식 속으로 들어온다. 우리에게 상처를 줬던 사람들이 우르르 몰려온다. 구씨가 이야기한 것처럼, 심지어 죽은 사람까지도.

생각과 감정의 되새김

우리를 힘들게 하는 사건이나 사람을 반복적으로 생각하는 것을 되새김(rumination)이라고 한다. 사람들은 원하지 않는 생각을 되새김하고, 그 과정에서 원하지 않는 감정도 되새김한다.

천사들만 만나면서 살 수는 없는 게 우리 인생이다. 어쩌면 천사보다는 악마를 더 많이 만나야 하는 것이 인간의 숙명일지도 모른다. 그 과정에서 우리의 몸과 마음은 상처받는다.

되새김을 통해 자신이 상처받았던 사건과 가해자를 다시 생각하는 것은 똑같은 상처를 다시 한번 경험하는 것과 다르지 않다. 뒤끝이 없다고 하는 사람들조차도 자신의 마음에 상처를 주었던 사람과 그때의 일을 단번에 잊을 수는 없다. 많은 경우에 사람들은 자신이 경험한 마음의 상처를 의식적으로든 무의식적으로든 되새김한다. 그리고 이러한 되새김은 이미 난 상처 위에 다시 한번 생채기를 내는 결과를 낳게 한다.

몸의 상처는 아물 때까지 다시 건드리지 않지만, 마음의 상처는 아물기도 전에 수도 없이 다시 되새김하면서 상처를 덧낸다. 몸에 난 상처보다 마음에 난 상처가 더 오래가는 이유다.

더 큰 문제는 몸의 상처가 다 아물기 전에 건드리면 상처가 덧나는 것처럼 마음의 상처도 되새김하면 할수록 더 깊어진다는 점이다. 처음에는 상처라고 부르기도 민망할 만큼 작았던 것들도 이를 곱씹으면 곱씹을수록 더 커지고 깊어진다.

28.
아침마다 머릿속으로 개자식들이 들어올 때

나쁜 기억의 출근시간 정해주기 : 나의 해방일지(My Liberation Notes) 2

"잘 자고 일어나서 아침에 이 닦는데,
벌써 머릿속엔 최 팀장 개자식이 들어와 있고,
한수진 미친년도 들어와 있고,
(중략)
그냥 자고 일어났어.
근데, 이를 닦는데, 화가 나 있어."
(나의 해방일지, 16화)

원하지 않는 생각들이 반복적으로 내 마음을 침범하는 일은 구씨에게만 일어나는 것은 아니다. 염미정(김지원 분)도 예외는 아니다. 우리도 마찬가지다. 되새김은 마음에 상처받은 사람들 대부분에게 나타나는 후유증이다. 등장인물과 내용만 다를 뿐, 되새김이라는 심리적 과정은 상처받은 모두에게 나타나고, 우리를 지치게 만든다.

문제는 우리가 아무리 머릿속으로 쳐들어온 인간들에게 화내고 욕을 퍼붓는다고 해도 현실의 그들에게는 아무 일도 일어나지 않는다는 사실이다. 대신 그들과 한동안 전쟁을 치러야 하는 우리에게 문제가 생긴다. 머릿속 전쟁에 우리가 가지고 있는 심리적 자원이 모두 동원된다. 아침에 그들과 세계대전이라도 한번 치르고 나면, 그날은 아무것도 손에 잡히지 않는다. 그날 내가 사용할 수 있는 힘을 이미 그들과의 전쟁에서 다 소모했기 때문이다.

우리 머릿속에 매일 들어오는 사람들을 피하는 것이 불가능하다면, 아무리 애를 써도 그들은 결국 들어오고야 만다면, 그리고 마침내 쓰러지고 마는 것은 그들이 아니고 우리라면 도대체 무엇을 어떻게 해야만 하는 걸까?

내 마음의 카메라

구씨와 염미정은 모두 되새김으로부터 자유롭지 못하다. 하지만 둘 사이에는 분명한 차이가 있다. 자신의 마음에 계속 상처를 내는 생각과 감정의 되새김에 대처하는 방법에 질적인 차이가 있는 것이다.

구씨는 자기 파괴적인 방식으로 원하지 않은 생각으로부터 도피하려 한다. 하지만 염미정의 대처법은 다르다. 어쩌면 염미정은 우리 몰래 심리학을 공부하고 있었는지도 모르겠다. 염미정이 알려준 방법 중 하나는 마음의 눈길을 돌리는 것이다.

우리 마음의 눈길은 자극적인 대상에 주의를 두는 경향이 있다. 불꽃이 튀고 상처투성이인 생각과 감정의 전쟁터는 거의 저절로 우리의 주의를 끌어당긴다. 되새김의 전쟁터에서 빠져나오기 어려운 이유가 여기에 있다.

하지만 염미정은 말한다. 평온하지만 작은 기쁨에 눈길을 줘보라고. 그러면서 구씨에게 자기가 죽지 않고 사는 법이 있다며 알려준다.

"하루에 5분. 5분만 숨통 트여도 살만하잖아.

편의점에 갔을 때, 내가 문을 열어주면 '고맙습니다.' 하는 학생 때문에 7초 설레고,

아침에 눈 떴을 때, '아, 오늘 토요일이지,' 10초 설레고,

그렇게 하루 5분만 채워요.

그게 내가 죽지 않고 사는 법."

(나의 해방일지, 15화)

폭탄이 터지는 머릿속 전쟁터를 향해 있던 마음의 감시 카

메라를 작지만 감사하고 아름다운 현실의 풍경을 향해 돌리라는 것이다. 감시 카메라를 돌리는 것만으로 우리의 마음은 잠시 되새김의 전쟁터에서 벗어날 수 있다. 그리고 그동안 지나쳤던, 하지만 우리 앞에 서 있었던 감사함과 아름다움을 보고 느끼게 된다. 우리 마음의 카메라가 감사함과 아름다움에 머무는 시간이 조금씩 길어지면, 마음은 이제 감사와 아름다움을 되새김하기 시작한다. 전쟁 대신 평화가 더 오랜 시간 동안 우리의 머릿속에 머무르게 되는 것이다.

물론, 이 작은 기쁨이 차곡차곡 쌓여 우리에게 평화를 가져다주기까지는 오랜 시간과 힘든 과정을 통과해야 한다. 하지만, 가능한 일이다. 구씨가 말한 것처럼. "한 발, 한 발, 어렵게, 어렵게."

아픈 기억들의 출근시간과 근무시간 정해주기

염미정의 두 번째 조언은 머릿속으로 아침마다 출근하는 사람들에게 웃어주라는 것이다. 그들을 환대하라고. 그들은 오늘도 내 마음속으로 쳐들어와 나와 싸우려 하지만, 반갑게 맞아주라고.

만약 고통스러운 기억의 출현을 막는 것이 불가능하다면, 우리가 할 수 있는 최선은 그 기억과 함께 살아야 한다는 사실을 받아들이는 것이다. 원치 않는 이들이 내 마음속으로 출근하는 것을 저지하기 위해 매일 분투하고, 그 일에 내가 가지고 있는 모든 심리적 에너지를 쏟아붓기보다는 매일 찾아오는 그 기억들을 내 삶의 일부로 수용하는 편이 낫다. 어차피 봐야 한다면, 웃으면서 함께 지낼 수 있도록 해보라는 것이다.

실제로 되새김으로 인한 고통을 완화하기 위해 아픈 기억들이 매일 찾아와 놀 수 있는 시간을 따로 배정해 주는 방법을 사용하는 전문가도 있다. 미국 예일 대학교의 임상심리학자인 수잔 놀런-혹스마Susan Nolen-Hoeksema는 심각하고 만성적인 되새김 때문에 고생하고 있다면 아예 매일 30분씩 되새김의 시간을 따로 만들어주라고 조언한다. 어차피 매일 머릿속에 나타나는 것을 막을 수 없다면, 나쁜 기억들의 출근시간과 근무시간을 미리 정해주는 것이다. 정해진 시간에만 되새김하는 것이 익숙해지면, 원하지 않는 상황이나 원하지 않는 시간에 갑자기 튀어나온 생각과 감정의 되새김 때문에 다른 소중한 일을 망치는 것을 막을 수 있다.

아픔으로부터 성장하기

아픈 기억들은 우리에게 상처를 남기지만, 우리는 그 상처를 통해 성장하기도 한다. 나쁜 기억과 함께 살아가는 것이 조금 익숙해졌을 때, 다음 단계에서 해볼 수 있는 것이 나와 거리두기(self-distancing)이다. 이전처럼 생각과 감정의 소용돌이에

말려들지 않고, 마치 자신이 제삼자가 된 것처럼 관찰자의 관점에서 담담하게 자신이 경험하고 있는 생각과 감정을 객관적으로 바라보는 것이다.

나와 거리두기는 아픈 생각과 감정의 되새김으로부터 우리를 좀 더 자유롭게 해주고, 동시에 문제에 대한 새로운 통찰을 제공한다. 아픈 상처가 우리의 마음을 성장시킬 수 있는 것이다. 덕분에 염미정은 자신이 만났던 상대가 다 나쁜 놈이었던 이유를 찾을 수 있었고, 그래서 구씨를 나쁜 놈으로 만들지 않으려면 자신이 어떻게 해야 하는지 알 수 있었다.

더 이상 개새끼를 수집하지 않는 방법

구씨가 떠나고, 엄마는 갑자기 돌아가셨다. 그리고 아빠는 곧 재혼했다. 모두가 자신을 버리고 떠나는 것만 같았다. 단 한 번도 누군가를 먼저 버리고 떠난 적이 없는 염미정. 그녀의 인생에서 버려지는 것은 늘 자신의 몫이었다.

늘 상대가 나를 먼저 버리고 떠난다면, 문제는 나에게 있는 걸까? 원인을 자신에게서 찾는 것은 문제를 해결하는 가장 효과적인 방법이지만, 가장 고통스러운 방법이기도 하다. 그리고 나의 문제를 인정하고 직면하는 것은 버림받는 것보다 더 고통스럽다. 그래서 사람들은 문제를 상대에게서 찾고 상대를 비난하는 방법을 선택한다. 염미정도 마찬가지였다. 그래서 염미정의 인생에는 미친놈과 개자식이 넘쳐났다. 하지만 담담하게 자신과 조금 거리를 둘 수 있게 되자 보이지 않던 것들이, 보려고 하지 않았던 것들이 보이기 시작했다. 그리고 새로운 시각은 문제에 대한 새로운 통찰을 제공했다. 이제 염미정은 담담하게 이야기할 수 있다. 나에게서 문제를 찾는 게 너무 괴로우니까 다 개새끼로 만들었던 거라고.

문제에 대한 새로운 시각과 통찰은 과거에는 상상하거나 받아들일 수 없었던 해결책을 생각할 수 있게 하고, 이를 당당하고 기쁘게 실천할 수 있도록 만든다.

"근데 당신은 처음부터 결심하고 만난 거니까. 더 이상 개새끼 수집 작업은 하지 않겠다.

잘돼서 날아갈 것 같으면 기쁘게 날려 보내 줄 거고. 바닥을 긴다고 해도 쪽팔려 하지 않을 거고.

인간 대 인간으로 응원만 할 거라고.

당신이 미워질 것 같으면 얼른 속으로 빌었어. 감기 한번 걸리질 않기를. 숙취로 고생하는 날이 하루도 없기를."

(나의 해방일지, 16화)

아픔은 이렇게 우리를 성장시킨다.

29.

오늘의 나는 어제의 나와 같은 걸까?

정체성의 심리학 : 뷰티 인사이드(The Beauty Inside)

"가끔 나에게 물었어. 오늘의 나는 어제의 나와 같은 걸까? 날마다 같은 모습을 하고 날마다 다른 마음으로 흔들렸던, 어쩌면 매일 다른 사람이었던 건 네가 아니라 나였던 게 아닐까?"

김우진을 떠나보낸 홍이수(한효주 분). 매일 다른 얼굴로 나타났지만 한결같은 마음이었던 김우진과 매일 같은 얼굴이었지만 다른 마음으로 흔들렸던 자신 중에 누가 다른 사람으로 살았던 것인지 자문한다.

123명의 김우진

남자로 태어난 김우진. 그는 열여덟 살이 될 때까지 평범한 보통 남자의 삶을 살아왔다. 그러던 어느 날 잠에서 깨어난 그는 완전히 다른 사람의 모습으로 변해버린 자신을 발견한다. 거울 속의 그는 더 이상 열여덟 살의 청년 김우진이 아니었다. 거기에는 머리가 벗어지기 시작한 중년의 아저씨가 서 있었다.

더 충격적이었던 것은 거울 속에 비친 자신의 모습에서 지난 18년간 늘 봐왔던 김우진의 모습은 하나도 남아 있지 않았다는 사실이다. 그냥 나이가 더 많이 들어버린 모습이 아니었다. 거울 속의 사람은 원래의 김우진과는 하나도 닮지 않았다. 그는 완전히 다른 사람의 얼굴을 하고 있었고, 키도 체형도 심지어는 목소리도 원래의 김우진과는 완전히 달랐다. 지난 18년 동안 김우진을 김우진으로 만들어줬던 특징들이 완전히 사라지고, 달라진 것이다.

백종열 감독의 〈뷰티 인사이드〉는 자고 나면 완전히 다른 모습으로 태어나는 사람에 관한 이야기다. 김우진의 외모는 매일 아침 달라진다. 어느 날은 평범하게, 다른 날은 눈부시게 아름다운 모습으로. 자고 나면 그는 남자, 여자, 노인, 그리고 어린아이로 변한다. 심지어 어느 날은 일본말밖에 할 줄 모르는 여성으로 깨어나기도 하고, 또 다른 날은 백인 남자로 바뀌어 있기도 한다. 이 영화에서 김우진을 연기한 배우는 김대명, 박신혜, 이범수, 박서준, 천우희, 우에노 주리, 이진욱, 서강준, 김상호, 김희원, 이동욱, 고아성, 김주혁, 유연석 등 총 123명이

나 된다. 김우진은 매일 다른 사람이었던 것이다.

나를 나로 결정하는 것은 무엇일까?

김우진은 자신을 기억할 수 있었다. 외모는 쉴 새 없이 바뀌었지만 그의 마음은 자신이 김우진이라는 사실을 잊지 않았다. 그는 어제를 기억했고, 자신이 누구를 사랑했는지를 기억했다. 그는 오늘 자신이 무슨 일을 했고, 내일은 무슨 일을 해야겠다고 생각했는지도 알고 있었다. 김우진의 생각과 성격, 그리고 기억은 외모를 따라 변하지 않았다. 덕분에 김우진은 외모가 완전히 바뀌어도 자신이 변함없이 김우진이라는 사실을 확인할 수 있었고, 자신의 정체성을 지킬 수 있었다.

김우진에게 김우진을 결정하는 것은 그의 생각이었지 그의 외모가 아니었다. 그에게 자신을 김우진으로 만드는 것은 어떤 생각과 마음으로 세상을 살아가고 있는지에 달려 있었다. 잠에서 깨어난 아침에 자신에게 주어진 외모나 나이, 심지어 성별이나 인종도 자신의 본질을 결정하는 것은 아니었다.

하지만 다른 사람들도 김우진의 내면이 김우진을 결정한다고 생각하지는 않았다. 다른 사람들에게 김우진을 김우진으로 결정하는 것은 그의 생각이 아니라 그의 외모였다. 그들에게 기존에 알고 있던 김우진의 얼굴이 아닌 완전히 다른 사람의 얼굴을 하고 있는 누군가를 김우진으로 받아들이는 것은 사실 불가능에 가까운 일이었다. 김우진과 사랑에 빠진 홍이수가 수많은 다른 외모의 김우진과 만나는 것을 목격한 사람들이 그녀가 여러 남자를 바꿔가며 만나고 있다고 생각하는 것은 어쩌면 너무나도 당연하고 자연스러운 일이다.

나를 나로 결정하는 것은 무엇일까? 나의 마음일까, 나의 외모일까? 그 사람을 그 사람으로 결정하는 것은 무엇일까? 그의 마음일까, 그의 외모일까? 본질은 무엇에 의해서 결정되는 걸까? '뷰티'는 우리의 안에 있는 것일까? 아니면 밖에 있는 것일까?

정체성 지각

사람들은 자기 자신이 어떤 사람인지에 대한 생각과 느낌을 갖고 있다. 마찬가지로 사람들은 상대방이 누구인지에 대한 생각과 느낌도 가지고 있다. 이러한 생각과 느낌을 토대로 자신과 타인의 정체성에 대한 지각이 이루어진다. 정체성 지각에 영향을 미치는 요인들은 크게 외모와 생각으로 구분된다.

외모는 눈으로 보고 확인할 수 있는 요인이다. 얼굴이 어떻게 생겼는지, 성별, 인종 등과 같은 정보는 눈으로 쉽게 확인할 수 있다. 반면, 생각이나 마음을 눈으로 확인하기는 쉽지 않다. 특히 상대방의 입장에서는 그 사람의 생각을 들여다보기란 불가능한 일이다. 하지만 사람들은 자기 자신의 마음과 생각의 세밀한 부분까지 볼 수 있다. 따라서 사람들은 자신의 정체성을 규정할 때는 자신의 생각에 상당한 가중치를 두지만, 다른 사람의 정체성을 규정할 때는 그 사람의 외향에 집중하는 경향이 있다. 김우진은 자신을 생각과 기억을 토대로 규정하지만, 다른 사람들은 김우진을 그의 얼굴과 외향으로 규정하게 되는 것이다.

변하는 것들

사람들은 본질은 변하지 않는다고 생각한다. 그래서 변하지 않는 모습과 변하지 않는 마음이 그 사람의 본질이고 그의 정체성이라고 생각한다. 하지만 외모와 마음은 모두 변하는 것들이다. 나의 얼굴도 그의 얼굴도, 나의 생각도 그의 생각도 모두 변한다. 나의 얼굴은 어제 거울에서 본 그 얼굴과 같아 보이고, 나의 생각도 어제와 같아 보인다. 그래서 변하지 않는 영원한 나의 모습과 생각이 존재하는 것처럼 보인다. 하지만 이는 착각에 불과하다. 정도의 차이가 있을 뿐이지 외모도 변하고 생각도 변한다. 우리의 눈과 마음이 변화와 차이를 알아차리지 못할 뿐이다. 김우진처럼 매일 아침 급격히 다른 외모로 바뀌지 않을 뿐, 우리의 외모는 시간의 흐름과 함께 끊임없이 바뀐다. 아기 때 모습과 스무 살 청춘의 모습이 다르고, 중년과 노인이 된 후의 모습이 다르다. 우리의 생각도 마찬가지다. 아침의 생각과 저녁의 생각이 다르고, 청년 시절 추구하던 가치가 나이가 들면서 변하기도 한다. 내 얼굴이 변하고 생각도 변한다. 그렇다면 변할 수 없는 나의 본질은 어디에서 찾을 수 있는 것일까?

뷰티는 선택과 행동 안에 있다

변할 수 없는 것은 나의 선택과 행동의 역사다. 과거 내가 했던 선택과 행동은 이제는 돌이킬 수 없다. 그래서 변할 수 없다. 어떤 길을 선택했고, 누구를 사랑했고, 무엇을 위해 헌신했는지의 기록은 돌이킬 수 없는 것이다. 따라서 현재의 나는 어제까지의 내가 어떤 길을 선택하고 그 길을 어떻게 걸어왔는가에 의해 규정된다. 뷰티는 안에 있는 것도, 밖에 있는 것도 아니다. 나의 뷰티는 내가 했던 선택과 행동 안에 있다.

30.

추억, 닫혔던 마음의 문을 열다

서번트 신드롬 : 레인 맨(Rain Man)

팜스프링으로 여자친구와 주말여행을 떠나던 찰리(톰 크루즈 분). 그에게 한 통의 전화가 걸려 온다. 아버지가 돌아가셨다는 것이다. 그는 바로 차를 돌려 자신이 태어나고 자랐던 집이 있는 신시내티로 향한다.

차가운 추억

고향은 따뜻함을 떠올리게 만드는 공간이지만, 찰리에게 고향은 따뜻함과는 거리가 멀다. 사실 신시내티의 집은 그에게 차가운 기억만 남아 있는 곳이다. 찰리가 태어나고 두 살이 되었을 때 그의 어머니는 돌아가셨다. 아버지는 엄격하고 냉정한 사람이었다. 찰리에게 아버지는 자식보다 장미와 자동차를 더 사랑한 사람으로 기억에 남아 있다. 아버지는 1949년형 뷰익 로드마스터 컨버터블을 가지고 있었다. 약 8천 대만 생산된 8기통의 클래식 자동차. 하지만 아버지는 차에 손도 못 대게 했다.

열여섯 살이 되던 해, 찰리는 거의 전 과목에서 A를 받았다. 자신의 성취를 아버지에게 인정받고, 친구들에게 자랑도 하고 싶었다. 그래서 아버지에게 한 번만 로드마스터를 몰게 해달라고 부탁했다. 하지만 돌아온 대답은 단호했다. "안 돼!" 사춘기였던 찰리는 아버지 자동차 열쇠를 몰래 훔쳐서 친구 4명과 함께 자동차를 몰고 나갔다. 하지만 얼마 가지 못해서 경찰에 붙잡히고 만다. 아버지가 자동차 도난신고를 한 것이다. 아들이 자동차를 몰고 나갔을 것이라는 말은 쏙 빼고. 다른 아이들은 부모가 보석금을 내서 그날로 모두 풀려났지만, 찰리는 이틀 동안 유치장에 갇혀 있어야 했다. 아버지가 보석을 신청하지 않았던 것이다. 이 사건이 있은 후 찰리는 아버지를 떠났다. 그 후로도 아버지를 찾지도 않았고 연락을 하지도 않았다. 물론 아버지도 마찬가지였다.

차가운 사람들

장례식에 참석한 찰리의 얼굴에는 슬픔이라곤 찾아볼 수 없다. 아버지의 죽음을 알려준 친구나 여자친구는 찰리를 걱정하지만, 사실 그는 어떤 아픔도 느끼지 않았다. 그는 그냥 유언을 확인하려고 온 것뿐이었다. 담당 변호사가 찰리에게 아버지의 유언장을 읽어줬다. 유언장에서도 아버지는 오래전 그 아버지 같았다. 찰리에 대한 그리움이나 미안함은 찾아볼 수 없었다. 아버지는 찰리에게 뷰익 자동차와 장미를 물려주겠다고 했다. 그 외의 모든 재산, 그러니까 집을 포함한 300만 달러 상당의 유산은 다른 상속인에게 물려준다는 것이었다. "장미, 장미라니." 찰리는 유언장의 내용을 듣고 아버지를 저주한다. 만약 지옥이라는 것이 있다면 아버지는 거기에 있을 거라고. 그곳에서 지금 자신을 바라보면서 비웃고 있을 거라고. 아버지는 죽음에 이르기 직전까지 찰리에게 냉정함을 유지했던 것이다.

사실 찰리는 아버지만큼 냉정하고 타인의 마음에 무관심한 사람이다. 그에게는 일과 돈이 전부다. 수입차 딜러인 그는 자신의 이익을 위해서는 거짓말도 서슴지 않는다. 사람은 그의 관심사가 아니다. 여자친구는 있지만, 그에게 여자친구는 일을 함께하는 동료이고 동시에 성적인 대상일 뿐이다. 여자친구는 따뜻한 대화를 원하지만 그에게 대화는 돈과 관련된 문제를 해결하기 위한 수단일 뿐이다. 여자친구와 1년 넘게 사귀면서도 자신의 사적인 감정에 관한 이야기를 한 적이 없다.

레인맨과 레이먼

찰리는 유산이 자신의 몫이라고 생각하고 유언장 속의 300만 달러 상속자를 찾아 나선다. 그 사람은 바로 레이먼(더스틴 호프만 분). 알고 보니 찰리의 친형이었다. 찰리는 자신이 외아들인 줄로만 알았다. 사실 찰리의 기억 속에도 레이먼이 희미하게 남아 있기는 했다. 어린 시절 자신이 무서워할 때마다 노래를 불러주던 레인맨, 찰리는 레인맨을 자신의 상상 속 친구라고 생각했다. 그러나 찰리가 생각한 레인맨은 노래를 불러주며 아기였던 찰리를 달래던 친형 레이먼이었다. 찰리가 너무 어려서 레이먼을 레인맨이라고 불렀던 것이다. 레이먼은 자폐증 환자였다. 아버지가 찰리가 세 살 무렵에 레이먼을 자폐증 환자들을 위한 시설로 보내면서 헤어진 것이었다.

서번트 증후군

"그는 사람에게 관심 없어요." 레이먼을 9년간 돌본 간호사가 레이먼의 증상에 대해 말해준다. 자폐증의 가장 큰 특징은 타인과의 의사소통에 장애가 있다는 점이다. 다른 사람들의 관점에서 세상을 보지 못하고, 보려고 하지도 않는다. 결국 사회적 상호작용이 불가능하고 동료관계를 형성하지 못하게 된다. 말 그대로, 자신만의 세상에 스스로 갇혀서 살게 되는 것이다.

자폐증의 증상은 매우 다양하다. 서번트 증후군(savant syndrome)이라고 부르는 자폐증의 경우에는 특정 영역에서 매우 뛰어난 기술이나 재능을 보여주기도 한다. 대니얼 타멧Daniel Tammet이라는 사람은 자폐증으로 운전도 못하고, 왼쪽과 오른쪽도 구분하지 못한다. 하지만 그는 3.14로 시작하는 파이의 22,514개의 숫자를 5시간 9분 54초에 걸쳐서 정확하게 기억해 내서 유럽 신기록을 달성하기도 했다. 레이먼도 전화번호부에 나와 있는 사람들의 이름과 번호를 정확하게 기억할 정도로 엄청난 기억력을 보여준다. 하지만 문제는 정상적인 의사소통이 불가능하다는 것이다.

체계자와 공감자

자폐증과 관련해서 흥미로운 사실은 자폐증에 성차가 존재한다는 것이다. 자폐증은 여아보다 남아에게서 나타날 가능성이 약 4배나 더 높다. 영국 케임브리지 대학교의 임상심리학자인 사이먼 배런-코헨Simon Baron-Cohen은 자폐증은 극단적인 남성 두뇌를 타고났기 때문에 발생한다는 가설을 제시했다. 그에 따르면 남성은 체계화하는 두뇌를 가진 체계자(systemizer)로 태어난다. 대상을 규칙에 따라 지각하고, 수학적이고 기계적인 기준에 따라 분류하는 것에 특화된 두뇌를 가지고 태어난다는 것이다. 반면, 여성은 공감하는 두뇌를 가진 공감자(empathizer)로 태어난다고 한다. 따라서 타인의 표정과

제스처를 쉽게 읽어내는 두뇌를 가지게 된다.

물론 남성 중에도 공감자의 두뇌를 가지고 태어나는 사람도 있고, 여성 중에도 체계자의 두뇌를 가지고 태어나는 사람이 있다. 배런-코헨은 체계자의 두뇌를 가진 두 명이 만나서 아이를 낳을 때 문제가 발생한다고 주장한다. 유사한 사람들끼리 매력을 느끼고, 짝을 맺는 경향 때문에 두 명의 체계자가 결혼하는 경우가 있는데, 아버지와 어머니 모두 체계자의 뇌를 가졌다면 아이는 극단적으로 남성적인 뇌를 가지고 태어날 확률이 높다는 가설이다. 즉 공감하는 능력은 제로에 가깝고, 규칙에 따라 체계적으로 분류하는 능력만 극도로 뛰어난 뇌를 가지고 태어날 수 있다는 것이다.

자폐적 인간

배리 레빈슨 감독의 〈레인 맨〉에 등장하는 사람 중에 자폐증으로 진단받은 사람은 레이먼뿐이다. 하지만 다른 사람의 감정을 이해하지 못하고 자신만의 관점으로 세상을 바라본다는 점에서는 찰리나 찰리의 아버지도 자폐에 가깝다고 볼 수 있다. 영화 〈레인 맨〉은 체계자의 뇌를 가진 세 남자의 이야기처럼 보이기도 한다. 어쩌면 이들 세 남자뿐만 아니라 우리는 모두 조금씩 자폐 증상을 가지고 있는지도 모른다. 다른 사람의 마음에 공감하지 못하고, 자신만의 관점과 논리만을 주장하면서 주변 사람들의 마음에 상처를 주는.

찰리는 유산을 받기 위해서 어쩔 수 없이 레이먼과 함께 아버지의 유산인 뷰익 로드마스터를 몰고 대륙횡단 여행을 떠난다. 이 과정에서 굳게 닫힌 찰리의 마음의 문이 조금씩 열린다. 여행의 출발은 자폐증 '환자' 레이먼과 함께 시작했지만, 여행의 끝에서 그는 '형' 레이먼을 발견하게 된다.

천재성은 탄성을 자아내지만
우리를 감동시키는 것은 따뜻함이다

레이먼은 놀라운 관찰력과 기억력을 보여준다. 레이먼이 보여준 천재적인 능력은 탄성을 지르기에 충분하다. 하지만 찰리를 감동시키고 그의 마음을 연 것은 어린 동생이 뜨거운 물에 델까 봐 걱정하고, 무서워하는 동생을 달래기 위해 노래를 불러주던 레이먼의 따뜻한 마음이었다. 자폐증이었음에도 본능적으로 아기였던 동생을 보호하려 했던 레이먼. 세상을 향해 굳게 닫혀 있었던 레이먼의 마음도 아기였던 동생 찰리에게만은 열려 있었던 것이다. 결국 성인이 된 찰리의 닫힌 마음을 여는 것은 따뜻했던 레인맨에 대한 추억이었다. 유능함은 감탄을 자아내지만, 우리를 감동시키는 것은 따뜻한 마음이다.

31.

순수한 마음이 친구를 사냥할 때

유도질문과 출처기억 오류 : 더 헌트(The Hunt)

순진무구하게 생긴 다섯 살짜리 여자아이가 유치원 원장에게 말한다. 그 선생님이 싫다고. 그 선생님의 고추를 봤다고. 다른 아이들도 이 남자 유치원 교사의 집에 있는 지하실에 갔었다고 이야기한다. 아이들은 지하실의 벽지와 소파 색깔까지 기억하고 있었다. 원생들 전체를 조사해 보니 최근 들어서 악몽을 꾸거나 오줌을 가리지 못하는 아이들도 여럿 나왔다. 성추행당한 아이들한테서 관찰되는 전형적인 증상이다.

피해를 당한 아이가 구체적인 증언을 했다. 다른 원생들의 입에서도 성추행당했을 가능성이 높다는 것을 뒷받침할만한 이야기가 이어졌다. 과연 이 남자 교사가 실제로 성추행을 저질렀을 확률은 얼마나 될까?

전형적인 이야기

이 남자 교사가 성추행범일 가능성은 거의 100%에 가까워 보인다. 하지만 그는 자신은 결백하다고 주장한다. 아이들이 거짓말을 하고 있다고. 과연 누가 거짓말을 하고 있는 것일까? 다섯 살짜리 꼬마들일까? 아니면 중년의 남자일까? 이 남자 교사와 관련된 정보를 조금 더 제공하면 답이 더 명확해질지도 모른다.

우선 이 남자는 아이들 사이에서 인기가 많은 선생님이었다. 아이들의 장난을 다 받아줬다. 여자 교사들과는 달리, 그는 아이들과 몸으로 친밀감을 주고받았다. 끌어안고, 뒹굴고, 레슬링도 함께했다. 심지어는 대변을 보고 그에게 밑을 닦아달라는 아이도 있었다. 그는 이런 요구도 눈살 하나 찌푸리지 않고 흔쾌히 들어주곤 했다.

고추를 봤다고 말한 아이는 이 남자의 친구의 딸이다. 형제보다도 더 가까울 정도로 끈끈한 우정을 나누던 사이였다. 친구가 바쁘거나 아이를 직접 유치원까지 데려다주기 귀찮아하면 이 남자는 아이와 유치원까지 함께 걸어갔다. 유치원이 끝나면 집까지 바래다주기도 했다. 자신에게 친절하고 다정다감한 이 남자 교사를 아이는 잘 따랐다. 함께 걷는 동안 남자 교사의 손을 꼭 잡았다. 자신에게 무관심한 가족들보다 이 선생님이 더 좋았다.

마지막으로, 이 남자는 최근에 이혼했다. 하나밖에 없는 아들과 함께 살고 싶어 했지만, 양육권을 가진 아내가 아이를 만나는 것을 방해했다. 사랑하는 아들을 보기 위해 아내를 설득하려 노력했지만, 대화를 거부하고 아이를 보내주지 않는 아내 때문에 좌절한 상태였다.

모든 정황은 이 남자가 성추행을 저질렀을 것이라는 확신을 강화시킨다. 아이들이 거짓말을 하고 있다는 이 남자의 주장은 성추행범들의 전형적인 거짓말처럼 들린다. 아이들과 몸으로 친밀감을 나눴던 행동은 이 남자가 매우 교묘한 방식으로 아이들을 성추행했다는 증거로 보인다. 아이들에게 다정다감하게 행동했던 것은 아이들을 성추행하기 위한 구역질나는 위선으로 보이기에 충분하다. 겉으로는 아이들과 친하게 지내는 유치원 교사였지만, 아이들과 나눴던 신체 접촉은 그의 변태적인 성욕을 충족시키기 위한 수단에 불과한 것으로 보인다. 더구나 그는 이혼으로 인해 자신의 성적 욕구를 제대로 해소할 수 없는 상황에 처해 있었다. 거기에 더해 자식을 보고 싶은 욕구가 결합돼서 아동에 대한 성욕을 유발했을 것으로 추측할 수 있다.

대표성 휴리스틱

덴마크의 토마스 빈터베르그 감독이 연출한 〈더 헌트〉의 루카스(매즈 미켈슨 분)가 바로 그 남자 교사다. 평화로운 일상을 보내던 그는 어느 날 갑자기 자신의 의지와는 무관하게 가장 전형적인 아동 성추행범 사건의 주인공이 돼버렸다. 덕분에 마을 사람들이 이 남자가 아이들을 성추행했을 것이라 확신하는 데는 오랜 시간이 걸리지 않았다. 하지만 이 영화는 전형성에 근거한 판단이 얼마나 틀리기 쉬운 것인지를 보여준다.

2002년도 노벨 경제학상 수상자인 미국 프린스턴 대학교의 대니얼 카너먼Daniel Kahneman은 전형성에 근거한 판단을 대표성 휴리스틱(representativeness heuristic)이라고 했다. 휴리스틱은 타당성과는 무관하게 사람들이 일상에서 간편하게 사용하는 추론 전략이다. 대표성 휴리스틱은 어떤 개인이 집단의 대표적인, 또는 전형적인 모습과 얼마나 유사한가에 따라서 그 사람이 그 집단의 구성원일지를 판단하는 것이다. 즉 루카스의 이야기가 성추행범의 전형적인 모습과 닮아 있다면 그가 성추행범일 확률이 높다고 판단한다. 이러한 추론 전략의 문제는 전형적인 정보 이외의 다른 중요한 정보를 무시하게 만든다는 사실이다.

유도질문과 출처기억 오류

루카스의 집에는 지하실이 없었다. 지하실은 아이들의 마음속에만 존재하는 곳이었다. 그렇다면 어떻게 아이들은 본 적도 없는 지하실을 봤다고 하고, 심지어는 지하실의 소파와 벽지에 대해서까지 구체적으로 기억하고 있었던 것일까?

우리의 기억은 다양한 사건에 대한 기억으로 가득하다. 그런데 사건에 대한 기억만큼 중요한 기억이 있는데, 그것은 바로 어떻게 그 사건에 대한 기억을 갖게 되었는지에 대한 기억이다. 루카스 선생님 집의 지하실에 관한 기억만큼 중요한 것은 그 기억을 어떻게 획득하게 되었는지에 대한 기억이다. 직접 봐서 알게 된 것인지, 아니면 누구한테 들어서 알게 된 것인지. 이를 출처기억(source memory)이라고 한다. 사건에 대한 기억을 언제, 어디서, 누구로부터 획득했는지에 대한 기억, 즉 기억의 원천에 대한 기억이다.

흥미로운 것은 출처기억은 시간이 지나면 쉽게 상실되고, 그래서 조작되기도 쉽다는 점이다. 루카스 선생님 집의 지하실에 대한 기억은 아이들이 직접 지하실에 가봤기 때문에 생긴 것이 아니라, 성추행 사건 조사 과정에서 어른들이 아이들에게 던진 질문을 통해서 획득된 것이었다. 성추행을 확신하고 물어보는 어른들의 질문(혹시 루카스 선생님이 어두운 곳으로 너를 데려가지 않았니? 잘 기억해 봐. 지하실 같은 곳 말이야)이 존재하지 않았던 기억(지하실)을 아이들의 마음에 심었던 것이다. 시간이 조금 지나면, 아이들은 루카스 선생님 집의 지하실에 대한 기억이 직접 가봐서 생긴 것인지, 아니면 조사관이 했던 질문을 통해서 생긴 것인지 구분하지 못하게 된다.

이런 일은 실제로 성인들에게서도 쉽게 일어난다. 유도질문(지하실에서 빨간색 소파를 보지 않았나요?)을 받고 며칠이 지나면, 우리의 기억에는 빨간색 소파의 이미지가 생명력을 갖게 된다. 그리고 조금 더 시간이 지나면 빨간색 소파에 대한 이미지는 기억나는데 이것을 직접 봤는지, 아니면 심문 과정에서 질문을 통해 처음 듣게 된 것인지 기억의 출처에 대한 구분이 어려워진다. 여기에 더해, 시간 간격을 두고 빨간색 소파에 관한 질문이 반복적으로 이뤄지면, 빨간색 소파의 이미지는 점점 선명해진다. 마침내 내가 직접 보지 않았다면 이 정도로 선명하게 보일 수는 없다고 생각하게 된다. 본 적이 없음에도 직접 봤다고 스스로 믿게 되는 것이다.

또한 지하실이 머릿속에 만들어지면 아이들은 지하실을 자신만의 모습으로 꾸미게 된다. 그러곤 자신의 상상으로 만들어낸 지하실을 다른 아이들에게 진실인 양 이야기하게 된다. 모든 유치원생의 머릿속에 실제로는 존재하지도 않는 지하실이 만들어지는 것이다.

확증 편향

문제는 어른들은 루카스의 지하실에 갔다는 아이들의 이야기에만 주목하고, 실제로 그의 집에 지하실이 있는지에 대해서는 무관심했다는 점이다. 이는 원장을 포함한 마을 어른들이 이미 루카스가 성추행범일 것이라는 가설을 가지고 있었기 때문에 발생했다. 루카스가 아이들을 자기 집 지하실에 데려갔다는 이야기는 루카스가 성추행범일 것이라는 가설을 지지하는 정보이기 때문에 바로 받아들여지지만, 루카스의 집에 지하실이 없다는 정보는 가설과 불일치하기 때문에 주목받지 못한다.

사람들은 자신의 가설을 지지하는 정보에만 주목하고, 자신의 가설을 반박하는 정보는 무시하는 경향이 있다. 그 결과, 자신이 처음 설정한 가설에 대한 확신이 시간이 지날수록 커지게 된다. 이를 확증 편향(confirmation bias)이라고 한다.

루카스 선생님의 고추를 봤다던 클라라(아니카 베데르코프 분)의 이야기도 실제로는 거짓말이었다. 사실 클라라는 루카스 선생님을 이성으로 좋아했다. 하지만 루카스 선생님은 그런 클라라의 마음을 알아채고 명확하게 선을 그었다. 자신의 마음을 받아주지 않는 루카스 선생님에게 서운한 마음이 들었던 클라라가 원장에게 충동적으로 거짓말을 한 것이었다.

클라라도 자신의 거짓말이 불러온 결과를 직감하고 어른들에게 고백한다. 루카스 선생님은 잘못이 없다고. 자신이 바보 같은 말을 했는데 이제는 다른 애들까지 이상한 말을 하고 있다고.

놀라운 사실은 클라라의 진실한 고백을 어른들이 받아들이지 않는다는 것이다. 어른들은 성추행당했던 끔찍한 기억을 클라라의 무의식이 차단하고 있다고 생각한다. 루카스가 성추행을 저지르지 않았다는 명백한 증거가 나왔음에도 불구하고, 자신들의 확신과 일치하지 않는 정보를 무시해 버리는 것이다.

성추행당하지 않아도 아이들은 스트레스를 받으면 갑자기 악몽을 꾸거나 오줌을 싸기도 한다. 하지만 어른들은 이러한 아이들의 모습을 루카스가 성추행범이라는 자신들의 판단을 지지하는 증거라고 생각한다. 이러한 과정을 통해서 잘못된 판단에 대한 확신은 점점 더 강화된다.

순수한 확신의 비극

루카스는 경찰에서 무혐의로 풀려난다. 하지만 루카스를 아동 성범죄자라고 확신하는 마을 사람들의 마음은 변하지 않는다. 그리고 이들의 확신은 루카스라는 한 선량한 시민의 삶을 사냥감으로 삼는다. 가족보다 더 끈끈한 우정을 나누던 친구들은 루카스에게 총구를 겨누는 사냥꾼으로 돌변한다.

루카스가 성추행범이 분명하다는 확신은 그들의 무지막지한 폭력을 정당화한다. 착하디착한 그를 사냥하는 것은 악마의 사악함이 아니다. 그것은 바로 순박하기 짝이 없는 마을 사람들의 잘못된, 하지만 흔들리지 않는 확신이다. 순수한 사람들의 확신이 비극을 만들어낸 것이다.

복잡하고 불확실한 인생에서 단순하고 확고한 믿음을 가질 수 있다는 것만큼 매력적인 일도 없다. 확신이 들었을 때 우리의 마음은 평온을 찾는다. 문제는 확신이 객관적인 사실에 근거하지 않을 수도 있다는 점이다. 확신은 우리의 믿음과 일치하는 정보는 받아들이고, 불일치하는 정보는 무시한 덕분에 얻게 되는 경우가 많다.

한 사회가 공유하는 잘못된 확신이 누군가를 사냥감으로 지목했을 때, 사냥감은 매우 쉽게 죽음의 언저리까지 내몰리기도 한다. 우리가 의심의 여지가 없는 확신에 도달했다고 생각했을 때 가장 먼저 해야 할 일은 어쩌면 우리의 확신을 의심해 보는 것일지도 모른다.

32.
착한 사람 콤플렉스가 키운 악마

보이스 강간 : 컴플라이언스(Compliance)

모든 것은 한 통의 전화에서 시작됐다

패스트푸드 매장의 매니저인 산드라(앤 도드 분)는 대니얼스(팻 힐리 분)라고 자신을 소개한 경찰로부터 걸려온 한 통의 전화를 받는다. 경찰은 매장 직원이 손님의 돈을 훔쳤다는 신고가 접수됐다고 했다. 매장에서 주문받는 직원 중에 금발이 있지 않느냐고. 마침 그때 매장에는 금발의 베키(드리마 월커 분)가 주문을 받고 있었다. 베키는 그동안 아무 문제도 일으키지 않고 성실하게 일했던 열여덟 살의 소녀다. 산드라는 매장에 있던 베키를 작은 창고 방으로 데려간다.

전화기 너머의 경찰은 산드라에게 당장 베키의 몸을 수색하라고 명령한다. 산드라가 머뭇거리자 경찰은 당장 몸수색을 하지 않으면 자기들이 검거해서 유치장에 가둔 상태에서 조사를 하겠다고 으름장을 놓는다. 자신은 아무 죄가 없다고 울먹이는 베키. 산드라가 몸수색을 주저하자 경찰은 베키를 바꾸라고 요구한다. 경찰은 베키에게 둘 중 하나를 선택하라고 소리친다. 경찰에 체포되어서 유치장에 갇힌 상태에서 조사를 받든지, 아니면 지금 당장 몸수색을 받든지.

감옥에 가는 것보다는 낫다고 생각한 둘은 그 순간부터 전화기를 통해 전달되는 경찰관 대니얼스의 명령에 복종하기 시작한다. 대니얼스의 요구에 따라 산드라는 베키가 옷을 모두 벗도록 만든다. 결국 베키는 나체 상태에서 산드라의 몸수색을 받는다. 베키가 돈을 훔쳤다는 증거는 하나도 발견되지 않는다. 하지만 경찰은 베키를 계속 의심한다.

앞치마 한 장으로 몸을 겨우 가리고 있는 베키는 곧 자신의 혐의가 풀릴 거라고 생각한다. 나체로 몸수색까지 받았고, 훔쳤다는 돈도 나오지 않았으니까. 하지만 경찰의 요구사항은 점점 커져만 갔다. 베키를 감시하는 사람을 남자로 바꾸라는 지시가 내려졌고, 산드라는 자신의 약혼자 밴(빌 캠프 분)을 부른다.

산드라를 포함한 여자 직원을 모두 창고에서 내보낸 대니얼스는 밴에게 상상을 초월한 명령을 내리기 시작한다. 중년의 남자인 밴이 보는 앞에서 베키의 앞치마를 벗게 만들고, 나체 상태에서 팔 벌려 뛰기를 하라고 지시한다. 몸에 숨겼을 동전이 떨어지게 해야 한다는 것이 그 이유였다. 말도 안 되는 명령에 밴도 처음에는 어떻게 그럴 수 있냐며 머뭇거린다. 하지만 그는 결국 식은땀을 흘리며 전화기를 통해 전달되는 경찰의 명령에 복종하기 시작한다. 대니얼스는 밴에게 나체 상태인 베키의 엉덩이를 소리가 나도록 손바닥으로 때리라고 명령하기까지 한다. 결국 약 4시간에 걸쳐 진행된 이 사건은 성폭행으로까지 이어지고 만다.

보이스 강간

크레이그 조벨 감독의 〈컴플라이언스〉는 미국에서 실제로 일어났던 사건을 토대로 만들어진 영화다. 이 영화는 90분 동안 패스트푸드 매장의 작은 창고 안에서 일어났던 악몽을 냉정하게 기록하고 있다. 매장에 있는 손님들이 평화롭게 햄버거를 먹고 있는 동안 바로 옆 창고 안에서는 성폭력이 이루어지고 있었던 것이다. 산드라와 밴은 가짜 경찰이 지시한 도저히 납득할 수 없는 명령에 복종해서 어린 소녀에게 성적 폭력을 가했고, 베키는 자신에게 가해지는 부당한 폭력을 순순히 받아들인 것이다.

보이스 강간이라고 불리기도 하는 이 사건 속의 인물들은 마치 패스트푸드 매장의 직원들이 손님의 오더를 받듯이, 경찰을 사칭한 남자의 명령에 따라 아무 죄도 없는 선량한 열여덟 살의 소녀에게 참혹한 폭행을 가한다. 더 놀라운 사실은 이러한 명령에 복종한 사람들이 산드라와 밴만이 아니었다는 것이다. 미국의 32개 주에 있는 70개의 레스토랑에 이런 전화가 걸려 왔고, 그곳의 매니저들도 전화 속 가짜 경찰의 명령에 복종했다.

문간에 발 들여 놓기

가짜 경찰관 대니얼스는 설득 전문가처럼 체계적으로 상대를 복종시킨다. 황당한 명령에 상대가 머뭇거리면, 둘 중에서 하나를 선택하라고 압박한다. 하나는 자신의 명령에 순순히 따르는 것이고, 다른 하나는 명령을 따르지 않은 것에 대한 엄청난 대가를 치러야 하는 일이다. 당장 몸수색을 받든지, 유치장에 갇힌 상태에서 조사를 받든지. 피해자들은 둘 중에서 지금 당장 조금 더 편하다고 생각한 것을 선택하고 만다. 복종하기로 결정한 것이다.

일단 명령에 복종하기 시작하면, 가짜 경찰은 마치 '문간에 발 들여 놓기 기법'처럼 처음에는 아주 약한 명령에서 시작해서 점점 명령의 강도를 높여간다. 한 번 감당할만한 수준의 약한 명령에 따르게 한 다음 점점 요구사항의 수위를 높여서 복종에 익숙해지도록 한다.

문간에 발 들여 놓기 기법은 효과적인 설득의 기술 중 하나로, 처음에 거절하기 힘든 아주 작은 부탁을 먼저 해서 승낙을 얻어내고 난 다음에 자신이 실제로 원하는 큰 부탁을 제시하는 기법이다. 처음부터 큰 부탁에 직면한 사람에 비해, 일단 작은 부탁을 먼저 들어준 사람은 다음에 제시되는 큰 요구에도 고개를 끄덕일 가능성이 높아진다. 문간에 발 들여 놓기 기법이 효과적인 이유는 작은 부탁을 들어주는 순간 자아개념이 변화하기 때문이다. 타인의 작은 부탁을 들어주고 나면, 사람들은 자신이 좋은 사람이라고 생각하게 된다. 자아개념이 긍정적으로 변화하는 것이다. 그런데 스스로를 좋은 사람이라고 생각하고 있을 때 큰 부탁이 들어오면, 이런 상황에서 긍정적인 자아개념을 계속 유지하고 싶은 사람들은 큰 요구를 거절하기 어려워지고, 결국 설득의 기술에 넘어가게 된다.

산드라와 밴이 자신의 명령을 이행하지 않고 머뭇거릴 때마다 가짜 경찰은 자신이 모든 것을 책임질 테니 당신은 시키는 대로만 하라고 단호하게 명령한다. 나중에 문제가 생기더라도 결국 모든 책임은 전화기 속의 경찰이 질 것이라고 생각하도록 만든다. 행위의 결과에 대해 자신이 책임지지 않아도 된다고 생각할수록 사람들은 잔인한 행위도 큰 죄책감 없이 하는 경향이 있다.

하지만 정말 이러한 기법들만으로 가짜 경찰 대니얼스가

산드라와 밴을 움직일 수 있었던 것일까. 더구나 피해자인 베키는 왜 자신에게 가해지는 부당한 폭력에 적극적으로 저항하지 않았던 것일까?

착한 사람 콤플렉스

비합리적인 복종의 보다 근본적인 이유는 바로 사람들의 마음속에 자리잡고 있는 착한 사람 콤플렉스에 있다. 보이스 강간 사건의 실제 피해자는 심리치료 과정에서 자신이 끝까지 저항하지 못하고 명령에 복종한 이유를 자신이 살아오면서 늘 했던 경험 때문이라고 답했다. 어른들로부터 '말 잘 듣는 아이가 착한 아이'라고 들으면서 자랐던 경험이 자신에 대한 폭력을 스스로 수용하도록 만들었다는 것이다.

우리는 아주 어렸을 때부터 착한 사람이 되어야 사랑받을 수 있다고 배우면서 자란다. 울지 말라고 했는데도 우는 아이에게는 산타할아버지가 선물을 안 주신다고 노래한다. 말 잘 들어야 착한 사람이고 사랑받을 수 있다는 믿음은 착한 사람 콤플렉스를 만든다.

작은 악을 통제 불가능한 악마로 키운 복종의 습관

사실 우리는 모두 정도의 차이만 있을 뿐 조금씩은 착한 사람 콤플렉스를 가지고 있다. 착한 사람으로 인정받고 싶은 욕구는 본성에 가깝다. 문제는 착한 사람 콤플렉스가 다른 사람의 요구를 거절하는 것을 어렵게 만든다는 데 있다. 착한 사람은 말을 잘 듣는 사람이기 때문이다. 착한 사람 콤플렉스는 비합리적인 요구도 당당하게 거절하지 못하게 만든다. 너무 아니다 싶어서 거절하고 나면 후회와 죄책감이 밀려온다. 그래서 복종의 습관이 길러지고, 거절 못 하는 사람이 되어버린다. 이제는 비합리적이고 폭력적인 명령도 거절하기 힘들어진다.

복종의 결과는 생각보다 참혹할 수 있다. 거절하거나 저항했다면 쉽게 제거되었을 작은 악의 씨앗이 시간이 지날수록 점점 몸집을 키우기 때문이다. 산드라나 베키가 가짜 경찰의 명령을 처음에 단호하게 거절했다면, 이 사건은 그저 장난 전화로 끝났을 수도 있었다. 복종의 습관이 작은 악을 통제 불가능한 악마로 키우는 것이다.

33.

어떤 미끼를 물 것인가

프레임의 정치심리학 : 바이스(Vice)

정치는 사람들에게 미끼를 던진다

진행자가 묻는다. 우리 나라(미국)에서는 200만 달러 이상을 상속받는 사람은 누구나 예외 없이 상속세를 내야만 하는데, 이 제도에 문제가 있다고 생각하는 사람이 있는지. 문제가 있다고 손을 든 사람은 열 명 중 단 한 명에 불과하다. 실제로 상속세 부과에 불만이 있는 미국인들은 소수다. 대부분의 사람은 200만 달러를 유산으로 물려받을 가능성이 거의 없기 때문이다.

진행자가 다시 묻는다. 여러분 중에 사망세를 내는 것에 문제가 있다고 생각하는 사람이 있는지. 이제 열 명 중 단 한 명을 제외한 모든 사람이 문제가 있다고 답한다.

사망세의 경우에는 이야기가 다르다. 죽었다고 세금을 내라니. 지금까지 한평생 국가에 꼬박꼬박 낸 세금이 얼만데, 죽었으니 또 세금을 내고 떠나라고? 사망세를 물리겠다는 정당에 사람들은 분노한다.

사실 상속세와 사망세는 동일한 개념이다. 가족 구성원이 세상을 떠나면서 남기고 간 재산을 누군가가 물려받을 때 부과하는 세금이다. 이름만 다를 뿐 실제로는 똑같다. 문제는 명칭이 바뀌면 사람들이 동일한 세금을 보는 방식이 180도 달라진다는 것이다. 더구나 망자에게 세금을 물린다는 생각 때문에 분노가 들끓으면서 대부분의 미국인이 200만 달러 이상을 남기지 못하고 세상을 떠난다는 사실, 그래서 정작 자신은 사망세 적용 대상이 아니라는 점은 쉽게 잊혀졌다. 상속세 폐지를 추진한 공화당 쪽에서 상속세를 사망세로 지칭하기 시작하면서 미국 전역에 사망세 반대에 대한 여론이 들끓기 시작한다.

미끼의 정치학

실화를 토대로 2001년부터 2008년까지 미국의 부통령을 역임했던 딕 체니의 삶과 정치를 그린 애덤 맥케이 감독의 〈바이스〉는 미국의 정치가 세상을 움직이는 방식을 노골적으로 보여준다. 2019년 아카데미에서 분장상을 수상한 이 영화의 등장인물들은 현실의 인물들과 너무나도 닮았다. 그중에서도 딕 체니 역을 맡았던 배우 크리스찬 베일의 연기는 그가 2019년 아카데미에서 남우주연상 후보에 그쳤다는 사실을 받아들이기 어려울 정도로 놀랍다.

미국의 부통령은 실권이 없는 상징적인 존재로 알려져 있다. 하지만 체니는 기존의 부통령들과는 달랐다. 영화는 역사상 가장 강력한 권력을 가지고 실제로 이를 휘둘렀던 것으로 알려진 체니 부통령이 원하는 것을 얻기 위해서, 그리고 사람들의 마음을 움직이기 위해서 사용한 다양한 기법들을 보여준다.

이 영화에 등장하는 중요한 상징은 바로 미끼다. 체니가 가끔 낚시를 할 때 사용하는 미끼는 가짜 미끼다. 가짜 미끼는 물고기들이 먹을 수 없는 금속, 털, 나무, 플라스틱 등으로 만든다. 가짜 미끼를 사용하는 낚시를 루어(lure, 꾀다, 유혹하다) 낚시라고 하는데, 이때 사용하는 미끼는 루어라는 말처럼 물고기를 강렬하게 유혹할 수 있어야 한다. 먹을 수도 없는 것으로 물고기를 유혹하기 위해서 가짜 미끼는 진짜 미끼보다 더 화려하고 매력적이어야 한다. 실제로 가짜 미끼들은 인간의 눈을 사로잡을 정도다. 화려함에 매혹당하는 순간 물고기는 가짜 미끼를 덥석 물고 마는 것이다.

정치는 사람들에게 미끼를 던진다. 사람들의 마음을 낚기 위해서. 그래서 정치인들은 언제, 어떤 미끼를, 어떤 식으로 던져야 사람들이 그 미끼를 물지 고민한다. 물고기들이 가짜 미끼에 혹할 수 있어야 미끼를 물듯이, 사람들의 마음을 잡기 위해서는 진짜보다 더 매력적인 미끼가 필요하다. 그것이 가짜일지라도 매혹적이라면 사람들은 그 미끼를 기꺼이 물고, 심지어는 가짜를 위해 자신을 희생하기도 한다.

프레임의 심리학

영화 〈바이스〉에 등장하는 미끼는 화려하고 그 종류도 다양하다. 그중 하나는 프레임이라는 미끼다. 실제로는 동일한 대상이나 내용임에도 그것을 바라보는 방식을 바꾸면, 그 대상이나 내용에 대한 우리의 판단이 크게 달라지는 경우가 있다. 어떤 프레임, 즉 어떤 준거 틀로 세상을 보게 만드느냐에 따라 사람들의 마음과 행동은 달라진다.

상속세라는 프레임으로 보면, 이 세금은 재화를 공짜로 획득한 사람에게 부과되는 것처럼 보인다. 재산을 상속받은 사람에 방점이 찍힌다. 반면 사망세라는 프레임으로 보면, 이 세금은 사망했으니 내야 하는 세금이라는 인상을 준다. 죽은 사람에 초점을 맞추도록 한다. 따라서 실제로는 동일한 세금일지라도, 상속세라는 프레임으로 봤을 때는 당연해 보였던 정책이 사망세라는 프레임으로 보면 지독한 세금 정책으로 보이기 시작하는 것이다.

프레임은 의사결정에 영향을 미친다. 영화에서 부시 대통령은 이라크와의 전쟁에 우방국들이 참여하기를 원한다. 그래야 전쟁에 정당성이 확보된다고 생각하기 때문이다. 하지만 전통적인 우방인 프랑스, 독일, 심지어는 부시 대통령이 그렇게 믿던 이스라엘까지 다국적군 참여를 거부하자 부시 대통령은 망설인다. 영국을 제외한 다른 우방들이 모두 인정하지 않는 전쟁을 수행하기는 너무 부담스럽다. 이때, 체니 부통령이 미끼를 속삭인다. 전쟁은 당신 것이라고. 전쟁은 권력이라고. 당신만의 권력을 유엔이나 다른 우방국들과 나누지 말라고.

정당성이라는 프레임이 권력이라는 프레임으로 바뀌자, 다른 우방들이 다국적군에 참여를 거부한다는 사실이 이제는 권력을 독점할 수 있는 기회로 보이기 시작한다. 미끼에 매혹당한 대통령은 권력이라는 프레임을 선택한다. 전쟁을 결심한 것이다.

어떤 미끼를 물 것인가?

모든 프레임이 나쁜 것은 아니다. 프레임은 설득의 기술이기도 하고, 가치관과 비전의 다른 이름이기도 하다. 프레임은 우리가 세상에서 무엇을 어떤 방식으로 봐야 할지를 간단하게 정리해 준다. 그래서 세상사에 의미를 부여할 수 있게 해준다. 기후변화 또는 지구 온난화라는 프레임 덕분에 우리는 그전에는 무심코 사용했던 일회용 플라스틱의 사용에 의문을 갖게 된다.

정치는 사람들에게 프레임을 던지는 행위다. 독재는 단 하나의 프레임을 던져주고, 그것만을 강요하는 것이다. 반면, 민주주의는 다양한 프레임과의 만남을 허락한다. 민주주의 사회에서 사람들은 자신 앞에 던져진 다양한 프레임 중에서 하나를 선택해야 한다. 결국 어떤 프레임을 선택할지 결정하는 것은 우리다. 최소한 가짜 미끼를 물지는 말아야 한다. 하지만 매혹적인 미끼가 많을수록 선택은 어려워진다. 선택이 어려울수록 노력 없이 가짜 미끼를 가려내기란 쉽지 않다. 따라서 구성원 개개인이 가짜 미끼를 가려내려는 노력을 하지 않는 사회에서 정치가 발전하기는 어렵다.

민주주의는 혼자 알아서 잘 크는 나무가 아니다. 까다롭고 끈질긴 시민이라는 밑거름이 없는 곳에서 민주주의는 자라지 못한다. 좋은 정치는 좋은 정치인이 하는 것이 아니라 까다롭고 끈질긴 시민들이 만들어내는 것이기 때문이다.

34.
무의식의 작동원리

점화효과 : 인셉션(Inception)

무의식에 새로운 생각의 씨앗 심기

다른 사람의 무의식에 침투해 그 속에 감추어진 생각의 비밀을 훔쳐내는 기술자 코브(레오나르도 디카프리오 분). 어느 날 그에게 사이토(와타나베 켄 분)라는 일본 기업인이 찾아와서 새로운 제안을 한다. 경쟁 기업 후계자인 피셔(킬리언 머피 분)의 무의식에 자신이 원하는 생각을 심어달라는 것. 머지않은 미래에 피셔는 아버지로부터 초거대 기업을 물려받게 된다. 그때 피셔가 기업들을 분할 매각하게 하는 것이 바로 사이토가 원하는 시나리오다. 피셔가 자연스럽게 그런 생각을 키워나가도록 새로운 무의식의 씨앗을 지금 그의 머릿속에 심어달라는 것이었다.

무의식에 새로운 생각을 이식하기 위한 작전, 즉 인셉션(inception)을 위해서 코브와 그의 동료들은 피셔의 꿈속으로 들어간다. 꿈과 무의식에 관한 흥미진진한 영화, 크리스토퍼 놀란 감독의 〈인셉션〉에서 꿈은 상대의 무의식으로 침투하기 위한 유일한 통로다. 따라서 인셉션은 상대가 잠들어 있는 동안에만 가능하다. 만약 인셉션 도중에 상대가 잠에서 깨어난다면, 모든 게 수포로 돌아가고 만다. 목표 대상이 잠에서 깨어나기 전까지 작전을 완료해야만 하는 것이다.

잠이 드는 순간 마음의 문에는 빗장이 채워진다

잠들어 있는 대상에게 새로운 정보를 이식시키려는 시도는 사실 영화 〈인셉션〉 이전에도 많았다. 그중에서 가장 대표적인 것은 수면 중에 새로운 정보를 학습시키려는 시도였다. 하지만 수면 상태에서 제시된 새로운 정보가 기억 속에 뿌리를 내리기란 거의 불가능한 것으로 밝혀졌다. 간혹 수면 중에 제시된 정보를 기억했다는 보고가 있기도 했지만 이는 정보가 제시되면서 발생한 소음으로 인해 일시적으로 잠에서 깼기 때문이었다. 즉 소리에 놀라 잠에서 잠깐 깼던 사람들만이 새로운 정보를 학습할 수 있었다. 깨어 있을 때 제시된 정보만이 기억에 뿌리를 내릴 수 있는 것이다.

잠들어 있는 동안 사람의 마음에 침입하는 것이 가능하다는 〈인셉션〉의 설정과는 반대로, 잠들어 있는 동안 우리의 마음은 외부의 침입을 허락하지 않는다. 마치 잠이 드는 순간 바로 마음의 문에 튼튼한 빗장이 채워지는 것과 같다. 덕분에 우리의 마음은 잠을 자고 있는 동안에는 상당히 안전하다.

문제는 깨어 있을 때 발생한다. 우리의 마음은 잠들어 있을 때보다 깨어 있을 때 더 공격당하기 쉽다. 잠들어 있는 동안에 굳게 닫혀 있던 마음의 문이 우리가 깨어나는 것과 동시에 빗장을 풀기 때문이다.

인셉션 2

영화 〈인셉션 2〉가 만들어졌다고 생각해 보자. 코브의 새로운 임무는 피셔가 사이토를 처음 만났을 때 사이토에 대한 긍정적인 인상을 갖게 만들어서 조금 더 유리한 조건으로 계약을 성사시키는 것이다. 사이토는 피셔와 한 호텔의 스카이라운지에서 만나기로 약속한다.

코브는 호텔에 도착한 피셔가 엘리베이터에 타자마자 따라 들어간다. 그러고는 풀어진 구두끈(작전상 이미 풀어놓은 것)을 다시 묶는 동안 자신이 가지고 있던 따뜻한 커피가 담긴 종이컵을 잠깐만 들어달라고 피셔에게 부탁한다. 피셔는 처음 본 사람의 부탁이지만, 잠깐 동안 종이컵을 들어준다. 잠시 후 스카이라운지의 문이 열리고 코브에게 종이컵을 다시 넘겨준 피셔는 사이토를 만나러 라운지로 걸어 들어간다. 사이토를 만난 피셔는 사이토가 참 따뜻하고 좋은 사람이라는 느낌을 갖는다. 피셔는 계약을 체결하면서 사이토에게 좀 더 양보하기로 결정한다.

피셔의 계약 내용을 확인한 비서실장은 무언가 문제가 있었다는 것을 파악하고 경호원들에게 사이토와 코브를 추적하도록 지시한다. 하지만 오늘따라 경호원들의 발걸음은 느리고 무겁다. 코브의 팀원인 아더는 이미 1시간 전부터 경호원들의 휴대전화에 문자를 발송하고 있었다. 문자메시지에는 5개의 단어가 뒤죽박죽으로 뒤섞여 있었는데, 그중에서 4개의 단어를 이용하면 하나의 문장이 완성되도록 만들어져 있었다. 경호원들은 이상한 문자에 어떤 의미가 있을지도 모른다는 생각에 문자를 받으면 문장을 하나씩 만들어갔다. 아더가 발송한 문자의 3분의 1에는 노인과 관련된 단어가 포함되어 있었다. 사이토와 코브는 느린 속도로 쫓아오는 피셔의 경호원들을 여유 있게 따돌린다. 결국, 코브의 팀은 임무를 성공적으로 완수한다. 과연 이러한 일이 가능할까?

점화, 무의식을 움직이다

가상의 영화 〈인셉션 2〉는 미국 예일 대학교의 사회심리학자인 존 바지John Bargh 등의 실험을 토대로 한 것이다. 이들이 학술지에 발표한 실험을 〈인셉션〉에 등장하는 인물들을 통해

재구성했다.

실제 연구에서 실험참여자들이 엘리베이터를 타고 실험실로 이동하면서 잠깐 들고 있었던 컵에는 따뜻한 커피나 아이스커피가 담겨 있었다. 결과는 따뜻한 커피가 담긴 컵을 들고 있던 사람들은 아이스커피가 든 차가운 컵을 들고 있던 사람들보다 동일한 대상을 더 좋게 평가한다는 것을 보여준다. 또한, 물리적으로 따뜻함을 느꼈던 사람들은 차가움을 느꼈던 사람들보다 실험 참여의 대가로 자신에게 주어진 선물을 타인에게 양보하는 경향이 더 컸던 것으로 나타났다. 사람들은 물리적으로 따뜻해지면 심리적으로도 따뜻해져서 타인을 더 좋게 평가하고, 자신보다는 타인에게 더 이로운 의사결정을 할 가능성이 높아진다는 것이다.

또 다른 연구에서는 노인과 관련된 단어가 포함된 5개의 단어들 가운데 4개를 이용해 문장 하나를 완성하는 과제를 실시했다. 그런 다음, 실험참여자들이 실험실 건물에서 나가기 위해 타야 하는 엘리베이터까지 얼마나 빨리 걷는지를 몰래 측정했다. 결과는 노인 관련 단어를 이용해서 문장을 완성했던 사람들이 중립적인 단어를 이용해서 문장을 만들었던 사람들보다 걸음의 속도가 느려지는 것으로 나타났다.

존 바지의 실험에서 사용한 기법이 바로 점화(priming)다. 점화는 기억에 저장되어 있던 생각을 무의식적으로 활성화시키는 것을 말한다. 기억의 창고에 저장되어 있었지만, 사용하고 있지 않아 비활성화 상태였던 생각에 불을 붙여서 활성화시키는 것이다.

점화 현상은 주로 우리의 마음속에 밀접하게 연결된 정보들 사이에서 발생한다. 노인이라는 개념이 느린 걸음이라는 행동과 밀접하게 연결되어 있기 때문에 노인에 대한 생각을 했을 때, 우리도 모르는 사이에 느리게 걷는 행동이 자동적으로 활성화되는 것이다. 마찬가지로 우리의 마음속에서는 물리적인 온도와 심리적인 온도가 매우 밀접하게 연결되어 있기 때문에(실제로 물리적인 온도를 경험했을 때 활성화되는 뇌 부위와 심리적인 온도를 경험했을 때 활성화되는 뇌 부위가 거의 동일하다), 물리적인 따뜻함을 경험하면 마음도 따뜻해진다. 커피의 따뜻함이 비활성화 상태였던 마음의 따뜻함을 점화한 것이다.

점화는 무의식적으로 일어나는 현상이다. 노력하지 않아도 특정 자극(예. 따뜻한 커피, 노인과 관련된 단어)에 노출되는 순간 자동적으로 일어난다. 사람들은 무슨 생각이 점화되었는지도 모르고, 어떻게 점화되었는지도 모른다. 점화된 생각이 자신의 판단과 행동에 영향을 미치고 있다는 사실은 더더욱 모른다. 바지 등의 심리학자들이 수행한 연구에서도 실험참여자들은 자신의 판단이나 행동이 컵에 담겨 있던 커피의 온도나 자신이 완성한 문장에 들어 있던 노인 관련 단어에 의해서 영향을 받았다는 사실을 전혀 의식하지 못했다.

사람들은 마음을 왜곡하고 조종하려는 외부의 영향으로부터 자신을 잘 지킬 수 있다고 생각한다. 자신은 자유롭게 선택하고 의사결정하는 존재라고 믿는다. 하지만 우리의 판단과 의사결정은 생각보다 외부의 영향에 의해 훨씬 쉽게 조정될 수 있고, 이러한 일들은 바로 우리가 눈을 뜨고 있을 때 일어난다.

인셉션과 점화의 차이

인셉션과 점화는 우리의 마음과 행동이 의식적으로 자각하지 못하는 것들로부터 영향을 받을 수 있다고 가정한다는 점에서 서로 닮았다. 하지만 몇 가지 차이점도 있다. 우선 인셉션이 새로운 생각을 무의식에 심는 것이라면, 점화는 이미 기억이라는 창고에 저장되어 있던 생각을 무의식적으로 불러일으키는 것이다. 둘째, 인셉션은 우리가 잠들어 있는 동안에 일어나지만, 점화는 깨어 있는 동안에 일어난다. 셋째, 인셉션은 현재의 과학으로는 실현 불가능한 일이지만, 점화는 실현 가능하다. 마지막으로 인셉션의 주인공은 영화배우 레오나르도 디카프리오지만, 점화의 주인공은 바로 우리 자신이다. 점화는 우리에게 매일 수도 없이 일어난다. 그 결과, 우리의 마음과 행동이 움직인다. 다만 점화의 과정과 결과를 우리가 의식적으로 자각하고 있지 못할 뿐이다.

35.

외로운 사회가 돈에 대한 갈망을 키운다

돈과 외로움 : 오징어 게임(Squid Game)

17억이면 영원히 포기할 수 있는 것들

만약 17억 원의 현금을 준다면 우리는 인생에서 얼마나 많은 것들을 포기할 수 있을까? 황동혁 감독의 〈오징어 게임〉의 냄새가 살짝 나는 이 질문은 사실 중국 중산 대학교의 사회심리학자 신유에 조우Xinyue Zhou 등이 실험참여자들에게 던진 질문이다. 이 연구에서는 사람들이 돈을 대가로 자신들이 좋아하는 것들을 얼마나 많이 포기할 의향이 있는지 확인했다. 그중에는 초콜릿, 해변, 봄, 그리고 햇빛이 있었다. 만약 당신이라면 17억을 받는 대가로 무엇을 포기할 수 있을까? 짧은 시간 동안이 아니라 영원히 포기하는 것이다.

만약 나였다면 초콜릿은 포기할 수 있을 것이다. 아이스크림과 더불어 스트레스에 빠진 나를 구원해 주는 두 가지 음식 중 하나인 초콜릿이지만, 17억이라면 아이스크림만 먹으면서 버텨도 될 것 같다. 물론 아이스크림 중에서도 초콜릿 아이스크림과는 영영 이별이겠지만 성인이라면 이 정도는 포기할 줄 알아야 하지 않겠나 싶다. 1단계 통과.

해변은 어떨까? 개인적으로 박력 있고 드넓은 동해바다를 좋아한다. 바다에 들어가는 것보다는 그 큰 바다를 멍하니 바라보는 즐거움이 좋다. 드넓은 모래사장을 여유롭게 걷는 기쁨도 상당하다. 하지만 17억과의 싸움에서 이기기는 어렵다. 기껏해야 1년에 몇 번 가는 바다라고 생각하자. 산도 좋지 아니한가. 대전에 사는 나에게는 계룡산 수통골이 있다고 합리화하자. 2단계 통과.

봄은 만만치 않은 상대다. 봄을 포기하라니. 추운 겨울을 간신히 버티고 맞이하는 봄의 기운을 영원히 다시 만나지 못한다는 것은 큰 불운을 선택하는 것과 마찬가지다. 봄이 사라지면 겨울이 끝나자마자 바로 뜨거운 여름이 시작되는 것이다. 하지만 참자. 17억 아닌가. 어차피 기후변화로 인해서 봄을 느낄 수 있는 시간은 점점 짧아지고 있지 않나. 그리고 우리에게는 가을이 남아 있으니까. 좀 힘든 결정이었지만 봄과도 작별을 고하자. 봄아, 안녕. 3단계 통과.

마지막 상대인 햇빛은 생명의 근원 아닌가. 햇빛 없이 어떻게 살 수 있지? 암흑 속에서 살아야 한다는 말인가. 햇빛을 봐야 비타민D도 생기는데. 하지만 이런 순간 우리에게 필요한 것은 사고의 전환이다. 우리에게는 합성 비타민제가 있지 않나. 한 통에 60알 들어 있는 2만 원짜리 비타민D를 한 통 사면 2개월을 버틸 수 있다. 심지어 칼슘과 마그네슘까지 들어 있다. 햇빛이 없다고 빛이 사라지는 것은 아니다. 전등을 사용하면 밝은 곳에서 살 수 있다. 햇빛에 오래 노출되면 피부만 안 좋아지는데, 오히려 잘된 일인지도 모른다. 드디어 4단계 관문 통과.

살아남을 확률 1/456

돈은 많은 것을 포기하게 만드는 힘이 있다. 만약 4단계를 모두 통과했다면 돈을 위해 많은 것을 포기할 마음의 준비가 된 것이다. 〈오징어 게임〉은 돈을 위해 사람들이 목숨까지 포기할 수 있다는 것을 보여준다. 사람들은 456억을 타기 위해 456명 중의 한 명만 살아남을 수 있는 죽음의 게임에 참가하기로 결심한다.

돈을 위해서라면 자신도 포기할 수 있다는 사람들은 드라마에만 있는 것이 아니다. 10억을 벌 수 있다면 범죄를 저지르고 감옥에 1년간 갇혀도 좋을까? 흥사단 투명사회운동본부 윤리연구센터에서는 10억이 생긴다면 1년간 감옥에 갈 의향이 있는지 물었다. 조사 결과에 따르면 이 질문에 답한 고등학생의 57%가 그렇다고 답한 것으로 나타났다.

외로운 사회가 돈에 대한 갈망을 키운다

17억 원 연구의 흥미로운 발견 중 하나는 다른 사람들로부터 받아들여졌던 사람보다 배척되고 소외당했던 사람이 돈을 위해 더 많은 것을 포기할 의향이 있었다는 사실이다. 사람들은 인간관계로부터 충족시키지 못한 욕구를 돈이라는 수단을 통해 획득하려는 경향이 있다. 〈오징어 게임〉에서도 1번 참가자를 제외한 455명의 참가자는 모두 단절된 관계와 이로 인한 외로움 때문에 마음의 통증을 경험하고 있던 사람들이다. 관계가 단절된 사회, 외로운 사회에서 구성원들의 돈에 대한 갈망은 더욱 커진다.

36.
대적하는 대신 닮아가는 것의 쓸쓸함

오이디푸스 콤플렉스 : 질투는 나의 힘(Jealousy Is My Middle Name)

두 번 빼앗긴 남자

박찬옥 감독의 〈질투는 나의 힘〉에는 똑같은 남자에게 자신이 사랑하는 여자를 두 번씩이나 빼앗긴 남자가 등장한다. 영국 유학을 준비하면서 주말에는 대학교 화장실의 막힌 변기 뚫는 일까지 할 정도로 하루하루 성실하게 살고 있던 대학원생 유원상(박해일 분)이 바로 그 남자다. 빼앗긴 남자.

그에게는 아직 청년의 순수한 모습이 남아 있다. 그는 자기 전공인 문학에 대해서는 전문적이지만 세상살이에는 여전히 미숙함이 묻어나는 사람이다. 삶의 과정에서 직면하는 수많은 선택의 순간에 어떻게 해야 할지 몰라 그냥 멈춰 있곤 한다.

두 번 빼앗은 남자

빼앗는 남자는 한윤식(문성근 분)이다. 그는 한 문학잡지사의 편집장이다. 아내와 딸까지 있는 유부남이지만, 자신이 마음에 둔 여자를 유혹하는 데 거리낌이 없다. 그의 얼굴에는 순수함이라고는 찾아볼 수 없다. 외모는 볼품없지만 세상을 살아가는 모습에는 능수능란함이 배어 있다. 그는 자신의 욕망에 솔직하고, 무엇을 선택해야 자신이 행복할지 잘 알고 있다.

그래서 자신의 저급한 욕망을 다른 사람에게 들켜도 죄책감 같은 것은 느끼지 않는다. 호텔에서 바람피우는 장면을 장인에게 들켰는데도, 장인의 면전에서 후회하면서 살고 싶지 않다고 말할 수 있는 그런 사람이 바로 한윤식이다.

빼앗긴 남자는 가해자가 누구인지 명확히 알고 있다. 첫 번째 여자 노내경(배종옥 분)과는 사랑하는 사이였다. 하지만 그녀는 유원상을 버리고 편집장에게로 떠났다. 두 번째 여자 박성연(배종옥 분, 1인 2역)은 유원상이 손쓸 틈도 없었다. 같은 잡지사에서 사진기자로 일하기로 한 박성연은 첫 번째 회식에서 만취한다. 그녀에게 관심을 갖고 있던 유원상이 그녀를 집까지 바래다주려고 머뭇거리는 순간, 편집장은 과감하게 그녀를 택시에 밀어 넣고 함께 떠나버렸다. 유원상은 다음날 새벽부터 편집장의 집 앞에서 그가 나오길 기다렸지만 헛수고였다. 편집장의 아내로부터 어제 회식이 늦게 끝나서 그 근처에서 바로 출근한다는 이야기만 듣고 돌아온다. 두 번째 여자는 그렇게 사랑을 시작하기도 전에 빼앗겼다.

내가 원하는 것은 당신이 아니고, 당신의 약속

편집장에게 완전히 빼앗긴 줄 알았던 박성연이 어느 날 술에 취해 유원상을 자기 집으로 끌어들인다. 술을 마시고 소파에서 박성연과 키스를 나누던 유원상이 갑자기 엉뚱한 말을 꺼낸다. 편집장님과 하지 말라고. 그날 유원상이 소파에서 간절하게 원했던 것은 박성연이 아니었다. 그가 원했던 것은 그녀의 약속이었다. 그녀와의 잠자리만으로는 편집장에게 가지고 있던 질투심을 떨쳐버리기에 부족했다. 편집장과는 자지 않고 자신하고만 자겠다는 그녀의 다짐만이 유원상의 질투심의 역사를 보상해 줄 수 있었던 것이다. 유원상은 박성연을 두고 벌이는 편집장과의 경쟁에서 단 한 번만이라도 이겨보고 싶었다.

적의 아들이 되기로 결심한 사람

이 영화에서 가장 흥미로운 것은 자신이 좋아하는 여자를 빼앗아 간 상대에 대한 유원상의 태도다. 그는 편집장을 미워하지 않는다. 오히려 그에게 편집장은 호기심의 대상이다. 어떻게 자기보다 나이도 한참 많고, 잘생기지도 않고, 키도 작고,

성질도 더러워 보이는 편집장이 그렇게 쉽게 여자들을 유혹할 수 있는지 궁금했다. 그래서 그는 편집장의 근처를 맴돌기 시작한다. 유원상이 처음으로 한 일은 한윤식이 편집장으로 있는 문학잡지사에 임시직으로 취직한 것이다. 그러곤 편집장의 자동차 기사를 자청한다. 매일 아침저녁으로 그의 집에도 자연스럽게 드나든다.

편집장과 함께하는 시간이 길어지면서 유원상은 편집장을 점점 닮아간다. 그는 자신도 모르는 사이에 점점 편집장의 인생관과 의사결정 방식에 물든다. 그는 어느샌가 자신의 아이를 임신한 하숙집 딸 안혜옥(서영희 분)이 결혼을 하자고 조르자 냉정하게 결혼은 불가능하다고 말할 수 있는 사람이 되어 있었다. 마치 편집장이 장인이 받을 상처는 아랑곳하지 않고 자기 욕망을 그대로 쏘아붙였던 것처럼. 유원상은 결국 편집장의 집으로 들어가서 같이 살기 시작한다. 편집장의 아들이 된 것처럼.

오이디푸스 콤플렉스

유원상의 심리적 갈등과 갈등 해결의 과정은 오스트리아의 정신분석학자인 지그문트 프로이트Sigmund Freud가 제안한 오이디푸스 콤플렉스(Oedipus Complex) 개념과 많이 닮아 있다. 프로이트는 사내아이가 태어나서 세 살에서 여섯 살 사이에 처음으로 이성과 사랑에 빠지게 된다고 주장한다. 첫사랑의 대상은 어머니이다. 하지만 사랑의 기쁨도 잠시, 사내아이는 어머니가 이미 다른 남자의 여자라는 사실을 알게 된다. 그 남자는 바로 자신의 아버지이다. 사내아이가 태어나서 처음으로 경험하게 되는 질투의 대상이 바로 아버지인 것이다. 사내아이는 어떻게든 어머니를 차지하고 싶지만, 아버지는 자신이 상대하기에는 너무나도 강하다.

거세 불안

아무리 생각해도 아버지를 물리치고 어머니를 차지하는 것은 불가능해 보인다. 바로 이때 사내아이는 자신을 극도로 불안하게 만드는 생각에 빠져든다고 한다. 아버지가 언젠가는 자신의 숨은 의도를 알아채고 자신을 처벌할 것이라는 생각이다. 프로이트의 주장에 따르면 아이는 아버지가 자신의 성기를 잘라내는 벌을 내릴 것이라고 생각하게 된다. 이것이 바로 그 유명한 거세 불안이다.

프로이트는 사내아이가 겪게 되는 이러한 일련의 심리적 과정을 오이디푸스 콤플렉스라고 명명했다. 프로이트는 자신의 아버지를 죽이고 어머니를 아내로 맞이하는 그리스 신화 속 오이디푸스왕의 전설이 자신이 생각했던 콤플렉스의 내용과 너무 유사하다고 생각했기 때문이다.

동일시

거세 불안을 극복하기 위해서 사내아이는 자신의 전략을 수정하게 된다. 원래 목표였던 어머니를 포기하고 어머니와 비슷한 여자를 만나서 결혼하겠다고 마음을 바꿔먹는다. 새로 설정한 목표를 달성하기 위해서 아이는 아버지를 닮기 위해 노력하게 된다. 왜냐하면 어머니 같은 여성과 결혼하기 위한 가장 확실한 방법은 어머니를 아내로 얻는 데 성공한 아버지 같은 남자로 성장하는 것이라고 생각하기 때문이다.

이때부터 사내아이는 아버지와 자신을 동일시하고 아버지의 모든 것을 자신의 것으로 받아들이기 시작한다. 아이는 이러한 과정을 통해서 아버지로 상징되는 사회의 문화와 규범을 내면화한다. 아버지에게 품었던 질투심을 자신이 속한 사회의 전통과 가치를 받아들이는 것으로 승화시킨 것이다. 질투심이 아이를 어른으로 성장시키는 힘으로 작동한 셈이다.

질투는 나의 에너지

유원상도 박성연을 포기하고 편집장을 닮아가는 것을 선택한다. 물론 유원상이 거세공포로부터 탈출하기 위해서 편집장을 동일시하는 것은 아니다. 하지만 그가 편집장을 이길 수 없다고 생각하는 것은 분명하다. 그는 박성연에게 어차피 자신은 편집장과 게임이 안 되고, 그래서 박성연을 행복하게 해줄 수도 없는 사람이라면서 이별을 통보한다.

그러곤 편집장의 집으로 들어가 '작은 한윤식'으로서의 인생을 시작한다. 자신이 원하던 것을 가져갔던 대상, 그래서 질투심을 느꼈던 대상을 받아들이면서 그처럼 되기로 마음먹은 것이다.

유원상에게도 질투는 힘이 된다. 그는 편집장에게 느꼈던 질투심을 편집장을 닮아가는 데 필요한 에너지로 활용한다. 하지만 한 순수한 청년이 닳고 닳은 중년의 남자를 현실이라는 이름으로 받아들이는 과정은 쓸쓸하기만 하다. 아버지를 닮아가는 아이의 모습이 희망적으로 보이는 반면, 유원상의 편집장에 대한 동일시가 쓸쓸해 보이는 이유는 그것이 성장이라기보다는 속물로의 퇴행에 가깝기 때문이다.

37.
엘라의 계곡으로 내려간 다윗의 불안

공감격차 : 엘라의 계곡(In the Valley of Elah)

사나이로 성장할 수 있는 가장 좋은 방법

행크 디어필드(토미 리 존스 분)는 헌병대 수사대 출신으로 두 아들의 아버지다. 전역한 지 오래됐지만 군인 정신이 몸에 배어 있는 사람이다. 스스로의 삶에 엄격한 규율을 적용하고, 애국심도 여전하다. 관공서 앞에 국기가 뒤집혀서 걸려 있는 것을 봐도 그냥 지나치지 못한다. 운전을 멈추고 차에서 내려서라도 뒤집힌 걸 바로잡아 놓는 그런 사람이다.

그는 군과 전우애에 대한 확고한 신념을 가지고 있다. 군대에 가서 전우들과 함께 역경을 극복하는 과정에서 제대로 된 사내로 성장할 수 있다는 믿음. 그래서 아내가 극구 반대했음에도 불구하고 두 아들을 모두 군에 입대시켰다. 군인 정신을 배워서 진짜 사나이가 되어서 돌아오라고. 하지만 공수부대에 입대했던 큰아들 데이빗은 10년 전에 헬기 사고로 세상을 떠나고 말았다.

작은아들 마이크(조나단 터커 분)는 보병으로 이라크전에 파병 중이었다. 그러던 어느 날 부대로부터 한 통의 전화가 걸려 온다. 나흘 전에 마이크가 미국으로 복귀했는데 부대에서 이탈했다는 것이다. 일요일까지 복귀하지 않으면 탈영으로 처리된다는 통보였다. 행크는 수사대 경험을 살려서 아들을 찾아 나선다.

전우애를 모르는 사람만이 할 수 있는 생각

얼마 지나지 않아서 군부대 근처의 잡초 덤불이 무성한 공터에서 아들의 시신이 발견된다. 처참하게 살해된 채로. 시신은 토막 나고, 불에 태워진 상태였다. 토막 난 시신은 날짐승들의 먹이로 여기저기 널브러져 있었다. 뼈에 남아 있는 흔적만으로도 칼에 42번 이상 찔려서 살해된 것으로 보였다.

행크를 도와 수사를 진행하는 형사 에밀리 샌더스(샤를리즈 테론 분)는 마이크의 전우들을 의심한다. 하지만 행크는 에밀리의 생각을 일축한다. 전우애를 모르는 사람만이 그런 생각을 할 수 있다면서. 전장에서 서로의 목숨을 함께 지켜줬던 전우들끼리는 서로를 죽일 수 없다는 것이다.

하지만 행크의 믿음은 얼마 가지 못하고 깨져버리고 만다. 아들은 전우들에게 살해당한 것이었다. 그것도 지옥 같았던 전쟁터에서 평화로움을 만끽할 수 있는 고국으로 귀국한 후 살해당했다. 살해에 특별한 동기가 있었던 것도 아니었다. 부대 밖에서 함께 술을 마시다가 다툼이 벌어졌다. 그러다 한 명이 마이크를 찌른 것이다. 누군가는 시체를 토막 내서 태우자고 했다. 시체를 묻어버리려고도 했다. 하지만 그렇게 하지 않았다. 이유는 배가 고파서였다. 그래서 전우의 시신을 그냥 공터에 버려뒀다. 그러곤 허기를 달래려 치킨 가게로 갔다. 전장에서 생사고락을 함께했던 전우를 살해하고도 죄책감이 없었다. 이들은 살인과 죽음에 대해 무감각한 상태였던 것이다.

실화를 바탕으로 한 폴 해기스 감독의 〈엘라의 계곡〉은 지옥 같은 전쟁터에서 몸과 마음이 무너지는 청년들의 모습을 보여준다. 집에서 착하고 순진했던 아들은 부모가 기대했던 것처럼 전장에서 진정한 사나이로 거듭났던 것이 아니었다. 오히려 회복 불가능한 상태로 망가지고 있었다.

마이크의 핸드폰에 저장된 동영상에는 공을 잡기 위해 차도로 나온 이라크 소년을 상당히 먼 거리에서 발견하고도, 의도적으로 속도를 더 내서 장갑차로 치고 넘어가는 장면이 담겨 있었다. 운전자는 마이크였다. 장갑차로 이동 중에는 전방에 무엇이 나타나든 멈추지 말라는 상부의 지시가 있었다. 멈춰 서면 잠복해 있던 게릴라가 나타나서 습격할 가능성이 있기 때문이었다. 소년을 발견하고 멈칫하는 마이크에게 조수석의 동료는 멈추지 말라고, 속도를 더 내라고 소리친다.

병사들은 전쟁터라는 지옥에서 괴물로 변해가고 있었다. 부상 입은 포로의 상처를 손가락으로 찌르면서 포로의 극심한 통증을 즐기고, 불에 타죽은 시신의 이마에 스티커를 붙이고 사진을 찍으면서 조롱한다.

왜 그때는 알아차리지 못했을까

아버지 행크의 귓가에는 아들과의 마지막 통화가 계속 맴돈다. 집에서 잠을 자고 있다가 새벽에 받은 전화였다. 아들은 울고 있었다. 돌이켜보면 소년을 장갑차로 쳐서 죽인 후에 전화한 것이었다. 이라크에 있던 부대 막사에서 전화를 건 마이크는 울먹이며 말한다. 제발 여기에서 꺼내달라고.

행크는 그냥 겁이 나서 그런 거라고 아들을 위로한다. 전쟁터에서 누구나 당연히 겪어야 하는 시련이라고. 굳은 마음으로 시련에 맞서면 극복할 수 있을 거라고 믿었다. 행크는 자기가 그랬던 것처럼 아들이 시련을 극복한 후에 더 멋진 사나이로 성장해서 돌아올 것이라고 생각했다. 자신을 여기서 꺼내달라면서 울먹이는 아들의 말을 그저 성장통으로 치부했다.

사실 당시 행크는 아들의 우는 모습을 동료들이 알아챌까 봐 더 걱정이었다. 군대 가서 힘들다고 새벽에 아버지에게 전화해서 눈물을 흘리는 아들이라니. 전우들에게 겁쟁이로 찍힐까 봐 걱정스러웠다. 공개된 장소에서 다른 병사들도 전화를 하고 있었기 때문이다.

하지만 이제는 후회스럽다. 왜 그때 아들이 엄청난 심리적 고통에 시달리고 있었다는 것을 알지 못했을까. 아들은 분명히 살려달라고 말했는데. 왜 그때 아들의 말을 있는 그대로 받아들이고, 그를 지옥에서 꺼내주지 못했을까.

공감격차

사람들은 자신의 관점에서 다른 사람을 이해하는 경향이 있다. 내가 맛있게 먹은 음식은 다른 사람도 맛있어할 것이라고 생각한다. 나를 성장시키는 데 도움이 되었던 경험은 다른 사람의 성장에도 도움이 될 것이라고 생각한다. 자기 경험을 토대로 다른 사람이 경험하게 될 것을 예측하기 때문이다. 사실 이런 추론은 얼추 맞는 경우가 많다. 사람들은 비슷하니까.

하지만 사람들은 서로 다르기도 하다. 그래서 자신의 경험을 토대로 상대방이 동일한 사건을 통해서 어떤 경험을 하게 될지 정확히 예측하는 것은 불가능에 가깝다. 문제는 자신이 추정하는 경험의 강도와 상대방이 실제로 체험하고 있는 경험의 강도가 크게 다를 때 발생한다. 실제로 사람들이 체험하고 있는 심리적 통증의 정도와 제3자가 추정한 심리적 통증의 정도에는 상당한 차이가 존재할 수 있다. 이러한 차이를 공감격차(empathy gap)라고 한다. 공감격차는 우리로 하여금 실제로 상처받은 당사자가 느끼고 있는 심리적 통증의 정도를 과소평가하게 하고, 그 결과 피해자를 지키기 위해 우리가 해야 할 심리적·경제적 지원의 필요성을 과소추정하게 한다.

행크도 아들의 군대 생활이 쉽지만은 않을 것임을 알았다. 하지만 감당할 수 없을 정도라고는 생각하지 못했다. 그래서 제발 지옥에서 꺼내달라는 아들의 이야기를 듣고도 적응과정에서 경험하게 되는 성장통쯤으로 치부했다. 자신도 그걸 경험했고 결국은 극복했으니, 아들도 이런 시련을 극복할 것이라고 생각했다. 그리고 언젠가는 자신처럼 제대로 된 사나이가 되어서 돌아올 것이라고 굳게 믿었다.

엘라의 계곡에 선 다윗

에밀리의 집에 저녁식사를 초대받은 행크. 그는 에밀리의 어린 아들 데이비드가 잠자리에 들기 전에 이야기를 하나 들려준다. 다윗과 골리앗 이야기다. 이스라엘 군대와 팔레스타인 군대가 엘라의 계곡을 사이에 두고 양쪽 편 언덕에서 대치하고 있었다. 팔레스타인 전사 중에 골리앗이라는 어마어마하게 큰 거인이 있었다. 그는 40일간 매일 엘라의 계곡으로 내려와

일대일로 자신과 싸우자고 상대진영에 싸움을 걸었다. 하지만 이스라엘 군인 중에서 나서는 자는 아무도 없었다. 모두 겁을 먹었기 때문이다.

그러던 어느 날 다윗이라는 이스라엘 소년이 형들이 있는 진영에 빵을 가지고 왔다가 그 이야기를 듣고 왕에게 자신이 골리앗과 싸우겠노라고 말한다. 왕은 다윗에게 갑옷과 칼을 주었지만, 너무 크고 무거워서 다윗은 그걸 모두 내려놓는다. 그러곤 주변에 있던 조그만 돌멩이 5개를 주워서 엘라의 계곡으로 내려간다. 골리앗이 기다리고 있는 곳으로. 골리앗이 엄청난 괴성을 지르면서 다윗을 향해 달려들었다. 다윗은 돌팔매질로 골리앗의 이마 한가운데를 맞혔다. 골리앗은 땅바닥에 얼굴을 박고 쓰러졌고, 다윗은 골리앗의 칼을 뽑아서 골리앗의 목을 베었다.

행크는 데이비드에게 다윗은 자기 자신의 공포심과 싸워서 이겼기 때문에 골리앗을 이길 수 있었다고 이야기해 준다. 골리앗이 괴성을 지르면서 엄청난 기세로 자기를 향해 달려오는데도 꿈쩍하지 않고 기다릴 수 있는 용기를 가졌기 때문이라는 것이다. 골리앗이 돌팔매의 사정거리까지 다가올 때까지 침착하게 마주 보고 서 있다가 이마 한가운데로 돌팔매를 냉정하게 던질 수 있었던 용기.

모두가 다윗이 될 필요는 없다

우리는 성공한 사람들의 이야기에 매혹된다. 실패자의 이야기를 듣고 싶어 하는 사람은 없다. 그래서 멘토의 위치에는 성공적으로 역경을 극복한 사람들만이 오를 수 있다. 멘토와 힐링의 시대다. 멘토들은 힘들고 지친 사람들에게 당신도 다윗이 될 수 있다고 격려한다. 자신에게도 시련이 있었다고. 하지만 참고 노력한 덕분에 자신도 다윗처럼 승자가 될 수 있었다고.

멘토들의 격려는 힘을 준다. 하지만 이미 헤어 나올 수 없는 수렁에 빠져 있는 사람들에게 이런 격려는 아무런 도움이 되지 못한다. 참고, 견디고, 노력하라고 말하기 전에 먼저 손을 내밀어 수렁에서 허우적거리고 있는 사람을 건져내서 목숨을 살려야 할 때가 있는 것이다.

우리 모두가 다윗이 될 수는 없다. 더구나 우리 모두가 다윗의 삶을 살 필요도 없다. 그리고 다윗은 엘라의 계곡에서 우리가 생각했던 것보다 훨씬 더 힘들고 고통스러웠을지도 모르는 일이다.

38.
청년은 울버린으로 세상을 살고, 중년은 로건으로 세상을 산다

중년의 심리학 : 로건(Logan)

청년은 울버린으로 세상을 산다

초능력을 가지고 태어난 돌연변이 인간. 엑스맨 팀에는 우리가 어린 시절 한 번쯤은 상상해 봤던 초능력을 가진 돌연변이 인간들이 소속되어 있다. 그중 한 명이 울버린이다.

울버린은 젊음과 불멸을 상징한다. 그는 늙지도 않고 죽지도 않는다. 총을 맞으면 죽거나, 아주 운이 좋은 경우라고 해도 큰 부상을 피하기 어려운 것이 인간이다. 하지만 울버린은 다르다. 총을 맞으면 순식간에 피부가 총알을 밖으로 밀어낸다. 울버린의 몸에는 특수 치유 인자가 존재한다. 덕분에 그의 몸은 마치 피부에 묻은 물을 털어내듯이 빠른 속도로 총상을 치유한다. 울버린이 가지고 있는 뛰어난 생체 재생 능력 덕분에 그는 영원한 젊음을 유지한다. 울버린이 즐겨 입는, 몸에 딱 달라붙는 청바지와 민소매의 흰색 러닝셔츠는 젊음을 상징한다.

그의 손등에는 커다란 발톱이 숨겨져 있다. 발톱은 가장 원시적인 무기이다. 하지만 몸에 주입된 특수 금속인 아다만티움으로 만들어진 그의 발톱은 탱크도 단숨에 두 조각낼 수 있을 정도로 강력하다.

그는 죽지 않는다. 그리고 가장 강력한 발톱을 가지고 있다. 그래서 울버린은 그 누구와 싸워도 죽지 않고 끝내 이겨낸다.

중년이 된 엑스맨

제임스 맨골드 감독의 〈로건〉은 머지않은 미래인 2029년을 배경으로 한다. 영화는 절대로 아프지 않고, 영원히 청년일 것만 같았던 울버린(휴 잭맨 분)의 초췌해진 모습으로 시작한다. 헐렁한 검은색 양복을 입은 채 등장한 그는 나이 들어 있었다. 호출 리무진 기사로 일하면서 술 취한 손님들의 비위를 맞추는 그의 모습에서 엑스맨 최강의 전사 울버린의 모습은 찾기 어렵다.

아무리 강한 상대라도 한 번에 베어버렸던 발톱은 마치 녹슨 금속처럼 손등에서 제대로 빠져나오지도 않았다. 아다만티움의 독성에 중독되어서 그의 몸은 점점 망가지고 있었다. 한쪽 발을 절고, 알코올에 중독된 그는 더 이상 초능력자인 울버린이라는 이름으로 불리지 않았다. 그는 로건이라는 인간의 이름으로 살고 있었다. 흰 머리와 주름진 피부, 그는 중년의 모습이다.

치매에 걸린 현자

다른 사람의 생각을 읽고 마음을 조종할 수 있는 능력을 보유하고 있던 찰스 자비에(패트릭 스튜어트 분) 교수. 그는 이성과 현명함의 상징이었다. 돌연변이라는 이유로 사회로부터 차별받던 초능력자들을 위해 자비에 영재학교를 만들어 보듬어 왔다. 돌연변이인 자신들을 배척하는 보통의 인간을 미워하지 말고, 그들과 공존할 수 있는 방법을 찾아야 한다고 주장한 현자였다.

하지만 마음을 지배하던 찰스 자비에의 마음은 이제 병들었다. 그는 로건이 누구인지 제대로 알아보지도 못한다. 약을 제때 복용하지 않으면 정신발작을 일으킨다. 그의 발작은 주변 사람들을 죽음으로 내몰 수 있을 정도로 치명적이다. 이성과 현명함의 상징이었던 그가 이제는 자신의 마음도 제대로 통제할 수 없어서 주변 사람들을 고통으로 몰아넣는 존재가 된 것이다. 그가 거주하고 있는 거대한 빈 물탱크에는 빛도 제대로 들어오지 않는다.

세월은 흐르고 흘러 영원한 젊음을 누릴 것 같던 청년 울버린은 중년의 아저씨가 되었고, 울버린의 충동을 자제시킨 현명한 어른이던 자비에 교수는 이제 치매에 걸려 죽음을 앞둔 노인이 되었다.

발톱을 지닌 사춘기

2029년, 더 이상 돌연변이가 태어나지 않는 세상이 되었다. 기존의 돌연변이들은 하나둘씩 세상을 떠나서 머지않은 미래에 돌연변이들은 멸종의 운명을 맞이하게 될 것이 뻔해 보였다. 돌연변이들을 위한 미래는 존재하지 않았다. 하지만 약물을 주사하고 정신이 돌아온 자비에 교수는 새로운 돌연변이의 탄생을 감지한다.

돌연변이 부대를 만들기 위한 비밀 실험실에서 울버린의 유전자로 만들어진 돌연변이 인간 로라(다프네 킨 분). 울버린처럼 손등에서 아다만티움 발톱이 나오고, 특수 치유인자 덕분에 뛰어난 생체 재생 능력을 갖고 태어난 초능력 인간이다. 울버린이 낳지는 않았지만 울버린의 유전자를 그대로 물려받은, 울버린의 딸이다. 이 소녀는 세상의 규범도 모르고 충동을 조절하지도 못한다. 가게에 들어가 자신이 먹고 싶은 것을 마음대로 꺼내 먹고, 갖고 싶은 것을 갖는다. 돈을 내라는 종업원에게 으르렁대면서 아다만티움 발톱으로 그를 공격하려 든다. 이런 로라를 붙잡고, 어떻게 행동해야 하는지 알려줘야 하는 울버린. 로라는 사춘기 청소년의 모습이다.

중년은 로건으로 세상을 산다

청년의 시기에 우리의 젊음은 영원할 것만 같다. 청년은 울버린으로 세상을 산다. 하지만 세월은 흐르고, 우리는 젊음이 영원하지 못하다는 것을 직감하는 날을 맞이하게 된다. 노안이 오고, 어떤 염색약이 좋은지 찾게 된다. 지금까지 살아온 날들보다 앞으로 자신에게 남아 있는 날들이 짧게 느껴진다. 중년은 자신의 몸이 늙기 시작했다는 것을, 그리고 자신이 영원히 세상에 존재할 수는 없다는 사실을 자각하게 되는 시기이다. 거울 앞에서 자신이 더 이상 울버린이 아닌 로건으로 살아야 한다는 사실을 받아들여야만 하는 나이인 것이다.

흔히 중년을 샌드위치 세대 또는 끼인 세대라고 한다. 중년은 자식을 부양해야 하고 동시에 부모 세대를 돌봐야 하는 도전에 직면한다. 여전히 어리고 철없는 자식이 있고, 예전에는 고민과 방황의 시기마다 길을 알려줬던 부모는 이제 늙고 병들어 가고 있다. 위험천만한 로라와 치매에 걸린 자비에 교수를 동시에 돌봐야 하는 로건은 중년의 힘겨움을 보여준다.

무엇을 선택할 것인가

에릭 에릭슨Erik Erikson의 사회발달 이론에 따르면, 중년의 시기에 우리는 갈림길에 서게 된다. 생산성 대 정체성. 생산성은 자신의 에너지를 다음 세대와 공동체의 미래와 성장을 위해 투여하는 선택이다. 반면 정체성은 현 상태를 유지하기 위해 정체를 선택하는 것이다.

로건은 자신이 아니라 로라와 돌연변이 아이들의 미래를 선택한다. 당신은 무엇을 선택할 것인가? 그리고 우리 사회의 로건들은 무엇을 선택하고 있나? 다음 세대와 공동체가 나를 발판으로 삼아서 앞으로 나아갈 수 있게 도울 것인가, 아니면 그들의 앞길을 막아서라도 현재의 나를 지킬 것인가.

Part 4

겨울의 영화, 차가운 위로

39.

나쁜 기억에 휘둘리는 이유

기억의 진화심리학 : 이터널 선샤인(Eternal Sunshine of the Spotless Mind) 1

기억을 지워드립니다

기억을 삭제해 주는 회사, 라쿠나. 이곳에는 과거의 기억을 지우고 새로운 인생을 살고 싶은 사람들이 찾아온다. 하지만 모든 기억을 지워버리는 것은 아니다. 라쿠나는 특정한 사람과 관련된 기억만 선택적으로 삭제할 수 있는 기술을 가지고 있다.

먼저 상대와의 추억이 담긴 물건에 대한 뇌 반응을 토대로 상대와 연결된 기억의 지도를 만든다. 기억 삭제 기술자는 이 지도를 통해서 지워버리고 싶은 특정 상대와 관련된 모든 기억을 제거한다. 그러면 하룻밤 사이에 상대와 관련된 모든 기억은 사라진다. 약간의 아침 두통만 남기고.

기억과 사랑에 대한 영화, 미셸 공드리 감독의 〈이터널 선샤인〉에서 라쿠나를 찾는 사람들은 대부분 연인과의 기억을 삭제해 달라고 요청한다. 과거에는 사랑했지만, 지금 남아 있는 것은 미움과 분노밖에 없기 때문이다.

클레멘타인 크루진스키(케이트 윈슬렛 분)도 그래서 이곳을 찾았다. 조엘 바리쉬(짐 캐리 분)와의 기억을 지우고 싶었다. 조엘과는 행복하지 않은 기억만 남아 있다고 생각했다. 조엘도 마찬가지였다. 클레멘타인과의 기억으로부터 자유로워지고 싶었다. 그녀와는 아프고 힘들었던 기억만 가득하다고 여겼다.

라쿠나는 밸런타인데이가 다가오면 바빠진다. 연인들의 날인 밸런타인데이에 헤어진 상대에 대한 기억으로 다시 아파하고 싶지 않은 사람들로 붐비기 때문이다. 조엘도 밸런타인데이 직전에 클레멘타인에 대한 기억을 삭제하기로 결심한다.

나쁜 기억은 가장 가까운 곳에 서 있다

라쿠나는 조엘의 가장 최신 기억부터 지워나갔다. 가장 가까이에 있는 최근의 기억부터 시작해서 거꾸로 가면서 기억을 하나씩 삭제했다.

나쁜 기억들이 가장 가까운 곳에 서 있었다. 술에 취해 비틀거리며 집에 들어오는 클레멘타인. 새벽 3시다. 그 시간까지 소파에 앉아서 책을 보며 그녀를 기다리고 있던 조엘. 혀가 꼬인 클레멘타인이 말한다. 주차하다 당신 차 살짝 긁은 것 같다고. 별거 아니라고. 하지만 차는 심하게 일그러져 있었다. 그녀의 무책임함을 견딜 수 없는 조엘은 결국 폭발해서 비난과 모욕을 쏟아낸다. 순간 아차 싶었지만 늦었다. 이미 클레멘타인의 마음에는 조엘의 차에 난 흠집보다 더 선명한 상처가 새겨졌다. 관계는 그렇게 끝을 향하고 있었다.

권태가 그 다음에 서 있었다. 둘 사이에 더 이상 흥미로운 것은 없었다. 둘이 함께하는 것들은 이제 모두 지루하다. 둘은 식당에서 보면 딱해 보이는 커플, 시체 같은 커플, 그리고 사람들이 한심하게 보는 커플이 되어가고 있었다. 서로에 대한 예의도, 배려도 없다. 둘은 함께 있지만, 마음에는 짜증만 가득하다. 관계는 나쁜 기억의 방으로 건너갈 준비를 하고 있었다.

좋은 기억은 가장 먼 곳에 숨어 있었다. 그래서 찾기 어려웠나 보다. 나쁜 기억과 권태가 길을 비켜주자 기억의 가장 깊숙한 곳에 감춰져 있던 기억들이 다시 보이기 시작했다. 이보다 더 아름다울 수 없고, 이보다 더 행복할 수 없는 순간들. 둘의 관계는 이 기억들 속에 영원할 것만 같았다.

좋은 기억이 이렇게나 많을 줄 몰랐었다. 아름답고 행복한 모든 기억은 그녀와 함께했던 것들이었다. 왜 이렇게 좋은 기억이 많았다는 것을 알지 못했을까? 조엘은 클레멘타인과의 기억을 삭제하기로 한 자신의 결정이 잘못되었다는 것을 깨닫는다. 하지만 돌이킬 수 없다. 라쿠나에서 기억 삭제 시술을 하는 동안, 조엘은 수면내시경 검사를 받는 사람처럼 꼼짝도 할 수 없는 상태였기 때문이다.

힘이 센 기억들

우리의 머릿속에는 수많은 기억이 있다. 기억은 우리의 현재에 영향을 미친다. 모든 기억은 의식적으로, 또는 무의식적으로 우리의 마음과 행동에 영향을 미칠 수 있는 힘이 있다. 하지만 기억이 가진 힘의 크기는 다르다. 어떤 기억들은 존재감이 없지만 어떤 기억들은 힘이 세다. 그 결과, 현재 우리의 마음과 행동은 힘센 기억에 의해 더 크게 영향받는다.

힘센 기억 중 하나는 첫 기억이다. 사람들은 첫 기억을 소중하게 생각한다. 아기가 처음으로 엄마, 아빠라고 말하기 시작한 순간에 대한 기억부터 처음으로 사랑한 사람에 대한 기억까지. 첫 기억은 첫 경험에 대한 기억이기 때문에 소중하다. 특히, 첫사랑의 상대에 대한 첫 번째 기억은 가장 오랫동안 살아서 숨 쉬는 기억이기도 하다. 조엘이 끝까지 지키고 싶었던 기억도 클레멘타인과의 첫 만남에 대한 기억이다. 그 기억 덕분에 클레멘타인을 놓을 수가 없다.

우리가 흔히 첫인상이라고 부르는 것도 바로 첫 기억을 토대로 한다. 그리고 첫 번째 기억은 이후에 들어오는 새로운 기억들을 각색하는 역할을 수행하기도 한다. 첫 기억이 좋으면 이후의 기억들은 환하게 각색되고, 첫 기억이 나쁘면 이후의 기억들도 어둡게 변한다. 어떤 사람에 대한 첫 기억은 그 사람에 대한 우리의 인상에 영원히 영향을 미친다. 그래서 첫 번째 기억은 힘이 세다.

마지막 기억도 힘이 세다. 상대에 대한 마지막 기억은 상대에 대한 최신 기억이다. 가장 따끈따끈하다. 가장 최근에 배달되었기 때문에 기억창고에서 가장 쉽게 꺼낼 수 있는 곳에 놓여 있다. 그래서 마지막 기억은 가장 쉽게 사용할 수 있는 기억이기도 하다. 충동적으로 의사결정할 때 가장 큰 힘을 발휘하는 기억이 바로 마지막 기억이다. 가장 빨리, 그리고 쉽게 꺼낼 수 있기 때문이다. 조엘이 클레멘타인에 대한 기억을 삭제하기로 결심하게 만든 기억들은 모두 최신의 기억들이다.

좋은 기억은 나쁜 기억의 적수가 되지 못한다

기억들 중에서 가장 힘이 센 것은 바로 나쁜 기억이다. 첫 번째 기억과 마지막 기억의 힘은 시간의 순서에서 나온다. 가장 먼저 자리를 잡은 기억인지, 아니면 가장 최신의 기억인지에 따라 기억이 우리에게 발휘하는 힘의 크기가 결정된다. 하지만 나쁜 기억의 힘은 그 내용에서 나온다.

만약 우리가 어떤 대상을 평가할 때, 그 대상에 대한 나쁜 기억과 좋은 기억에 동일한 가중치를 두고 평가한다면, 대상에 대한 최종 평가는 우리가 가지고 있는 모든 기억의 단순 평균이 될 것이다. −3만큼 나쁜 기억과 +3만큼 좋은 기억이 있다면, 최종 평가는 0이 되는 식이다. 하지만 사람들은 좋은 기억보다는 나쁜 기억에 더 큰 가중치를 두는 경향이 있다. 그 결과, 실제 그 사람에 대한 최종 평가는 0이 아니라, -1 또는 −2가 되기도 한다. 나에게 나쁜 기억과 좋은 기억을 하나씩 안겨준 사람은 보통 사람이 아니고 나쁜 사람인 것이다. 이러한 판단 경향을 부정성 편향(negativity bias)이라고 한다. 긍정적인 정보보다는 부정적인 정보에 더 큰 가중치를 두는 경향이다. 조엘의 머릿속에 있던 클레멘타인에 대한 좋은 기억들이 그녀와 관련된 기억을 삭제하겠다는 결정을 막지 못한 이유가 여기에 있다. 좋은 기억은 나쁜 기억의 적수가 되지 못한다.

기억의 진화심리학

사람들은 나쁜 기억에 주목하도록 진화했다. 나쁜 기억이 우리의 생존에 매우 중요하기 때문이다. 나쁜 기억은 위험에 대한 정보이다. 뜨거운 물에 손이 데었던 나쁜 기억을 잊지 않고 있어야 미래에 다시 손을 데일 가능성을 줄일 수 있다. 우리를 아프고 힘들게 만들었던 사람에 대한 기억도 마찬가지다. 그 사람이 주었던 상처를 잊지 말아야 다시 상처받지 않을 수 있는 것이다.

나쁜 기억은 우리로 하여금 위험을 회피하고, 안전한 삶을 유지할 수 있게 돕는다. 하지만 문제는 진화의 과정에서 나쁜 기억의 힘이 과도하게 세졌다는 것이다. 그 결과, 아무리 좋은 기억이 많은 관계도 사소한 몇 개의 나쁜 기억 때문에 휘청거릴 수 있다.

부정성 편향은 우리를 조금이라도 아프게 한 상대를 용서할 수 없게 만든다. 특히 나쁜 기억의 분노가 폭발해서 좋은 기억들은 모두 숨을 죽인 채 숨어버리는 순간에 내리는 결정은 매우 편파적일 가능성이 높다. 그 결과, 시간이 흘러 분노가 조금 사그라지고, 숨죽이고 있던 좋은 기억들이 그 모습을 드러내면, 조엘처럼 자신의 결정이 매우 잘못되었다는 것을 깨닫게 된다. 나쁜 기억에 휘둘린 의사결정은 후회를 동반한다.

인생은 나쁜 것만 피한다고 되는 게 아니다. 약간의 위험을 감수하더라도 좋은 기억을 보듬고 가야 인생이 풍요롭고 행복해진다. 좋은 기억은 우리에게 새로움과 마주할 수 있는 용기를 주고, 우리는 새로움에 다가가야 성장할 수 있기 때문이다. 나쁜 기억은 우리를 경계하게 만들고, 좋은 기억은 마음의 문을 열게 만든다.

40.
기억은 지워져도 사랑은 지워지지 않는 이유

메타기억 : 이터널 선샤인(Eternal Sunshine of the Spotless Mind) 2

기억 삭제도 삭제하지 못한 사랑

기억 삭제 시술을 받은 조엘에게 이제 클레멘타인에 대한 기억은 하나도 남아 있지 않았다. 클레멘타인도 마찬가지였다. 조엘보다 먼저 기억 삭제 시술을 하는 라쿠나를 찾았던 클레멘타인도 조엘에 대한 기억을 모두 지웠다.

회사에 출근하기 위해서 아침 일찍 길을 나선 조엘. 오늘은 밸런타인데이다. 그는 밸런타인데이가 상업적으로 이용되고 있는 게 못마땅하다. 승강장에서 출근 기차를 기다리고 있던 조엘은 갑자기 몬톡에 가고 싶다는 생각이 든다. 몬톡에는 아름다운 바다가 있지만 이렇게 추운 겨울에는 거의 아무도 찾지 않는 곳이다. 스스로도 얼토당토않은 자기의 생각에 웃음이 나온다. 하지만 이 충동적인 생각이 들자마자 그의 몸은 이미 반대편 승강장으로 뛰어가고 있었다.

몬톡으로 가는 열차에 가까스로 올라탄 조엘. 그는 회사에는 몸이 안 좋아 출근할 수 없다는 거짓말까지 한다. 원래 조엘은 충동이라고는 찾아볼 수도 없는 사람이었다. 무미건조해 보일 정도로 규정과 규칙에 따라 살아왔던 그가 거짓말까지 하고 충동적으로 떠난 것이다. 조엘 자신도 이런 식으로 행동하는 자신이 믿기지 않고 신기하다.

몬톡에 도착한 조엘. 차가운 겨울바람이 몰아치는 몬톡의 바닷가에는 역시나 아무도 없었다. 파란색으로 물들인 머리에 오렌지색 후드 재킷을 입고 있는 한 여인을 빼고는. 몬톡의 바닷가에서 우연히 만난 이 여인은 먼저 조엘에게 다가와 자신을 소개한다. 클레멘타인이라고.

메타기억

상대에 대한 기억이 모두 삭제되어 서로가 누구인지도 모르는 조엘과 클레멘타인. 밸런타인데이가 되자 둘은 처음 만나서 사랑에 빠졌던 몬톡으로 향했고 처음 만났다고 생각한 상대와 다시 사랑에 빠지게 된다.

라쿠나에서 받은 시술에 문제가 있었던 것일까? 아니, 시술은 성공적이었다. 라쿠나는 약속한 대로 상대방과 함께했던 모든 기억을 삭제했다. 덕분에 두 사람은 다시 만났을 때, 상대를 알아보지 못했다. 문제는 라쿠나의 기술에 있었다. 라쿠나가 가지고 있는 기술은 1차 기억은 삭제할 수 있지만, 2차 기억은 삭제하지 못했다.

1차 기억은 구체적인 사건에 대한 기억이다. 클레멘타인을 처음 만났을 때 그녀가 입고 있던 옷의 색깔. 나무 계단에 앉아서 그녀와 나눴던 대화. 그녀가 조엘의 접시에서 가져간 치킨 조각. 찰스강 데이트. 이런 것들이 우리의 1차 기억이다.

2차 기억은 1차 기억을 토대로 만들어진 기억이다. 1차 기억과정에서 경험한 느낌, 감정, 그리고 판단에 대한 기억이다. 1차 기억을 토대로 만들어진 한줄 요약과 같다. 클레멘타인과 함께했던 수많은 기억을 통해서 만들어진 '사랑한다, 행복하다'와 같은 기억이 바로 2차 기억이다. 따라서 2차 기억은 메타기억(metamemory)이다. 마치 개별 기억들이 모인 기억의 지구를 우주에서 바라보며 경험한 기억이라 할 수 있다.

라쿠나가 가지고 있는 기술로 1차 기억은 깨끗하게 지웠지만, 1차 기억을 토대로 만들어진 2차 기억은 제거하지 못했다. 구체적인 사건에 대한 기억들은 깨끗하게 지울 수 있었지만 그 사건들을 토대로 만들어진 사랑이라는 감정은 삭제하지 못한 것이다.

1차 기억과 2차 기억이 다른 의견을 낼 때

1차 기억과 2차 기억은 우리의 판단에 어떤 영향을 미칠까? 독일 만하임에 있는 줌마(ZUMA) 연구소의 사회심리학자였던 노르베르트 슈바르츠Norbert Schwarz 등의 연구자들은 실험 참여자들에게 다른 사람들 앞에서 자신이 강하게 자기주장을 했던 구체적인 사례에 대한 기억을 회상하도록 했다. 한 조건에서는 6개, 다른 조건에서는 12개의 자기주장 사례를 기억해서 종이에 적게 했다. 참여자들은 다른 사람들과 집단과제를 수행할 때, 자기 의견을 강하게 주장했던 것과 같은 구체적 행동을 기억해 냈다. 그러고 난 다음에, 본인 스스로 생각해 봤을 때 자기가 얼마나 자기주장이 강한 사람이라고 생각하는지에 대해 판단하도록 했다.

이 연구에서 자기주장을 강하게 했던 구체적 사례에 대한 기억은 1차 기억이다. 따라서 1차 기억을 토대로 자기주장성의 정도를 판단하면, 12개를 회상한 사람이 6개를 회상한 사람보다 자신이 더 자기주장적인 사람이라고 판단해야 한다. 자기주장이 강하다는 것을 입증할 구체적인 증거가 두 배나 많기 때문이다.

하지만 2차 기억을 토대로 판단한다면 이야기는 달라진다. 사전조사에 따르면, 자기주장을 강하게 했던 사례를 6개 회상하는 것은 쉽게 할 수 있는 과제였다. 자신의 인생에서 자기주장을 강하게 했던 행동 6개 정도는 사람들이 쉽게 기억해 낸다는 것이다. 따라서 자기주장을 강하게 한 사례에 대한 1차 기억을 하면서 사람들은 참 쉽게 기억난다는 경험을 하게 된다. 이 심리적 과정에 대한 기억이 바로 2차 기억이다. 6개 회상 조건의 참여자들은 자신이 자기주장을 강하게 했던 행동을 기억해 내는 것이 참 쉬웠다는 메타기억을 갖게 된 것이다.

반면, 12개를 기억해 내는 것은 상당히 어려운 일이다. 8개에서 9개를 넘어가면, 기억이 가물가물해진다. 물론 가까스로 12개를 기억해 내기는 하지만, 이 과정에서 참여자들은 자신의 자기주장 행동을 기억해 내는 게 참 어렵다는 경험을 하게 된다. 이러한 심리적 과정에 대한 기억이 바로 12개 회상 조건의 참여자들이 경험한 2차 기억이다. 12개 회상 조건의 참여자들은 자신이 자기주장을 강하게 했던 사건을 기억해 내기가 어려웠다는 메타기억을 갖게 된 것이다.

실험 결과는 1차 기억보다는 2차 기억이 판단에 더 큰 영향을 준다는 것을 보여준다. 놀랍게도 자기주장을 강하게 했던 6개의 사례를 회상했던 사람들이 12개의 사례를 회상했던 사람들보다 자신이 더 자기주장적인 사람이라고 판단한 것이다.

이러한 결과가 발생한 이유는 사람들이 2차 기억을 토대로 자기주장성의 정도를 판단했기 때문이다. 사람들은 자신의 자기주장적인 행동이 매우 쉽게 생각난 이유(6개 회상조건)가 자신이 자기주장적인 행동을 자주 하는 사람이기 때문이라고 판단한 반면, 자기주장 사례를 생각해 내는 게 어려웠던 이유(12개 회상조건)는 자신이 자기주장적인 사람이 아니기 때문이라고 판단했다.

이러한 결과는 1차 기억과 2차 기억이 다른 의견을 낼 때, 사람들은 2차 기억의 손을 들어줄 가능성이 높다는 사실을 보여준다. 따라서 다수의 나쁜 1차 기억과 소수의 좋은 1차 기억만으로 구성된 관계일지라도, 메타기억이 그 관계가 어렵지만 아름답게 성장하고 있다고 본다면, 그 사랑은 차가운 겨울의 바닷바람에도 지워지지 않는다.

기억은 지워져도 옛날은 지워지지 않는다

현실의 세상에는 아직 인간의 기억을 삭제하는 곳은 존재하지 않는다. 다행스럽게도, 또는 안타깝게도 우리에게는 라쿠나가 없다. 하지만 우리에게는 세월이 있다. 시간이 지나면 기억은 조금씩 희미해지기 마련이다. 라쿠나에 가지 않아도 우리의 기억은 세월과 함께 조금씩 흐려진다. 하지만 기억이 흐려진다고 우리의 옛날이 사라지는 것은 아니다. 그때의 느낌과 그때의 감정은 쉽게 삭제되지 않기 때문이다.

41.
결코 미워할 수 없는 존재

사회적 무의식 : 응답하라 1988(Reply 1988)

"사랑한다는 건 미워하지 않는다는 의미가 아니라 결코 미워할 수 없다는 뜻인 거야." (응답하라 1988, 12화)

결코 미워할 수 없는 존재

덕선(이혜리 분)에 대한 사랑이 커져버린 정환(류준열 분). 하지만 친구 택이(박보검 분)도 덕선을 좋아하고 있다는 것을 알게 된다. 바둑 이외에는 아무것도 모르는 착해빠지기만 한 친구 택이. 정환은 고민에 빠진다. 그러다 바둑 복기를 하다가 쓰러지듯 잠이 든 택이에게 이불을 덮어주는 자신을 발견한다. 결코 택이를 미워하지 못할 자신과 마주하게 되는 순간이다. 택이도 마찬가지다. 덕선에게 사랑을 고백하기로 마음먹은 순간, 정환이 덕선에게 마음을 두고 있다는 것을 직감한다. 택이도 고백을 하려고 덕선과 했던 약속을 취소하고 침대에 절망하듯 쓰러지고 만다.

덕선을 향한 정환과 택이의 사랑은 다르지 않았다. 이들의 선택도 다르지 않았다. 두 사람의 첫 번째 선택은 친구였다. 이성이 아닌 친구가 먼저였다. 두 사람 모두 친구의 마음을 다치게 하지 않으려고 이성에 대한 사랑을 보류하는 의사결정을 한 것이다.

"우정과 사랑 중에 무엇을 선택해야 하나요?" 연애 상담에 전형적으로 등장하는 질문이다. 물론 정답은 없다. 하지만 흥미로운 점은 시대에 따라 답이 달라진다는 사실이다. 요즘 이런 질문을 던진다면 사랑을 선택해야 한다고 답하는 사람들이 많을 것이다. 하지만 과거에는 우정을 선택해야 한다는 사람들이 더 많았다. 마치 1988년 서울 도봉구 쌍문동의 정환과 택이처럼.

우리 사회가 잃어버린 것

이우정 작가의 〈응답하라 1988〉(이하 응팔)의 사랑은 우리 사회가 추구하는 가치가 어떻게 변해왔는가를 잘 보여준다. 친구는 공동체를 상징한다. 뜨겁게 사랑하는 대상은 아니지만 오랫동안 함께 살아왔고, 또 앞으로도 함께해야 할 존재다. 따라서 친구와 이성 중에서 선택해야 하는 갈등 상황에서 친구를 선택하겠다는 생각이 자연스럽게 드는 것은 공동체를 지켜야겠다는 생각이 마음속에 확고하게 자리 잡고 있기 때문이다. 공동체의 행복이 곧 개인의 행복이라는 생각이 자신의 개인적 감정보다는 공동체와 그 구성원들의 마음을 먼저 고려하게 만든 것이다. 이런 생각을 가진 사람들이 사는 공간이 바로 1988년 쌍문동 골목이다.

〈응팔〉의 골목에는 공동체의 정이 넘쳐난다. 그곳에서는 돈이 많든 적든, 큰 집에 살든 반지하 셋방에 살든, 공부를 잘하든 못하든 간에 서로를 차별하지 않는다. 차별은커녕 함께 걱정하고 함께 기뻐한다. 다섯 친구(덕선, 정환, 선우, 택, 동룡)와 다섯 가족은 요즘 웬만한 친척들이나 형제자매보다 가깝다. 이들은 한 골목 다섯 가족이지만 실제로는 하나의 대가족과 같은 공동체를 형성하고 있다. 이런 공동체적 가치가 정환과 택이의 선택에서도 그대로 발현된 것이다. 그들은 먼저 친구를 걱정한다.

반면, 이성에 대한 사랑은 개인을 상징한다. 자신의 감정과 욕구에 충실할 때야 비로소 우리는 이성에게로 직진할 수 있다. 친구보다 이성을 선택하는 게 당연하다고 생각하는 사람의 관점에서는 친구의 마음을 걱정하면서 정작 자신이 사랑하는 덕선에게 고백하지 못하는 정환과 택은 자기감정에 충실하지 못한 사람으로 보인다. 친구보다 이성을 선택하겠다는 생각이 자연스럽다면, 그것은 자신의 감정과 욕구를 더 소중하게 여겨서다. 개인의 행복은 자기 자신의 욕구를 실현함으로써 가능한 것이지, 공동체가 개인의 행복을 대신해 줄 수는 없다고 믿는 것이다.

〈응팔〉이라는 드라마를 통해서 우리가 확인할 수 있었던 것은 바로 우리 사회가 추구하는 가치가 공동체에서 개인으로 넘어가고 있다는 사실이다. 그래서 〈응팔〉에서 그려진 1988년의 쌍문동이 현재의 우리 사회와 달라 보였던 것이다. 그런 점에서 〈응팔〉은 우리가 새롭게 갖게 된 것과 잃어버린 것이 무엇인지 확인하게 해준 드라마라고 볼 수 있다.

지금 우리는 과거에 비해 공동체보다는 개인의 행복이 더 소중한 것으로 간주되는 세상에서 살고 있다. 공동체를 위해 자신의 욕구를 보류하는 것보다 자신의 욕망을 드러내고 적극적으로 추구하는 것이 더 가치 있다는 생각이 점점 커지고 있는 공간이 바로 현재의 대한민국이다.

공동체와 개인은 모두 소중하다. 문제는 하나의 가치가 다른 하나를 집어삼켰을 때다. 공동체만 존재하고 개인은 보이지 않는 사회는 개인의 감정을 억압하고 자유를 속박하기 쉽다. 반대로 개인만 있고 공동체는 존재하지 않는 사회에서 사람은 목적이 되지 못한다. 개개인의 욕구를 실현하기 위한 돈과 경쟁의 가치만이 높게 평가된다.

한국 사회의 무의식: 돈과 경쟁

돈과 경쟁은 우리 사회를 대표하는 단어다. 상징적인 의미에서뿐만 아니라, 실제로 우리는 거의 매일 이 두 단어와 함께 살아간다. 돈과 경쟁은 우리가 의식적으로 추구하는 것이기도 하지만 동시에 우리의 삶에서 지속적으로, 그리고 무의식적으로 노출되는 것이기도 하다. 돈과 관련된 수많은 사건과 정보가 매일 같이 쏟아져 나오고, 경쟁은 우리가 속한 거의 모든 조직에서 우리를 강제하고 있다. 우리 사회는 의식적으로나 무의식적으로 돈과 경쟁적 가치관을 구성원들에게 지속적으로 주입한다.

사실 돈과 경쟁은 나쁜 것이 아니다. 돈은 목표를 실현할 수 있는 수단을 제공하고, 우리는 경쟁을 통해서 성장할 수 있다. 문제는 돈과 경쟁의 가치가 다른 가치들을 모두 무력화시켰을 때다. 돈과 경쟁이 무의식적으로 활성화되었을 때 사람들의 마음과 행동은 달라진다.

돈에 관한 생각은 인간관계에 대한 관심을 감소시키고, 사람을 거래의 대상으로 생각하게 만든다. 미국 UCLA의 사회심리학자인 유진 카루소Eugene Caruso 등의 연구에 따르면 돈에 대한 생각이 무의식적으로 활성화되면 사람들은 사회적 약자에 대한 관심이 줄어들고, 사회적 불평등을 당연하게 받아들이는 경향이 증가하는 것으로 나타났다. 심지어 장기매매를 허용하자는 제안에 대한 동의의 정도도 높아졌다. 따라서 돈이 지속적으로, 그리고 무의식적으로 활성화되는 사회에서 인간은 친밀감을 나누는 대상이 아니라 거래의 대상이 될 가능성이 크다. 다른 사람과의 따뜻한 상호작용은 부담스러워하고, 인간관계에 문제가 발생했을 때 관계를 지켜나가기 위해 노력하기보다는 관계의 단절을 선택하는 사람들이 많아지는 사회가 될 가능성이 높아지는 것이다.

경쟁도 마찬가지다. 다만 경쟁은 보다 적극적으로 인간관계를 망가뜨릴 뿐이다. 미국 스탠퍼드 대학교의 사회심리학자인 아론 케이Aron Kay와 리 로스Lee Ross의 연구에서는 경쟁에 대한 생각이 무의식적으로 활성화되면 사람들은 상대를 믿지 않고, 다른 사람들도 나를 믿지 않을 것이라고 생각하게 됨을 보여준다. 따라서 경쟁적 가치관이 지배하는 사회에서 사람들은 서로를 불신하게 될 가능성이 높다. 불신은 사람들의 관계를 단절시킬 뿐만 아니라 적대적인 상호작용을 불러일으키기도 한다. 또한 적대감은 쉽게 상대방에 대한 공격행동으로 이어진다.

사회적 무의식이 그 사회의 미래를 결정한다

행복에 대한 수많은 연구가 공통적으로 말하는 바는 행복은 관계에서 온다는 사실이다. 사람들과의 따뜻한 관계가 행복을 만드는 핵심 요소인 것이다. 하지만 돈은 고립을 유도하고 경쟁은 불신을 야기한다. 돈이 많은 사람이 쓸쓸하고, 경쟁에서 승리한 사람이 초조한 이유다. 따라서 돈과 경쟁이라는 가치가 지배하는 사회의 미래는 행복과는 거리가 멀어질 가능성이 높다. 돈과 경쟁이 공동체와 사람의 가치를 지워버린 사회는 절대로 1988년의 쌍문동 골목이 될 수 없는 것이다.

행복을 위해서는 건강하고 다양한 사회적 관계를 유지하는 것이 필수적이다. 따라서 만약 돈과 경쟁을 추구하는 것이 행복해지기 위한 선택이었다면, 우리는 우리 사회를 지배하는 가치가 무엇이 되어야 할지에 대해 다시 한번 고민해야 할 것이다.

어떤 생각을 주로 하면서 사느냐에 따라 우리는 악마가 될 수도 있고, 천사가 될 수도 있다. 내 생각과 내가 추구하는 가치가 나의 미래를 결정하는 것이다. 한 사회의 미래도 마찬가지다. 구성원들이 주로 어떤 생각을 하고 어떤 가치를 추구하느냐에 따라 고립된 개인들이 서로를 불신하면서 사는 사회가 될 수도 있고, 신뢰 속에서 행복하고 다양한 인간관계가 지속되는 사회가 될 수도 있다. 우리의 생각과 우리가 추구하는 가치가 우리 사회의 미래를 결정하는 것이다.

쌍문동 골목을 그리워하는 이유

공동체의 가치가 발붙이지 못하는 곳에서 사람은 함께 의지하며 살아가는 존재가 아닌 경쟁의 대상일 뿐이다. 공동체가 살아 있는 1988년의 쌍문동 골목에서 사람은 '결코 미워할 수 없는 존재'이지만, 경쟁과 돈의 가치가 지배하는 사회에서 사람은 '쉽게 포기하고, 쉽게 미워할 수 있는 존재'다. 이런 세상은 차가울 수밖에 없다.

'응팔 신드롬'이라고 불릴 정도로 사람들은 1988년 서울 도봉구 쌍문동에 사는 다섯 친구와 가족의 이야기에 열광했다. 그 이유는 〈응팔〉이 돈과 경쟁이 공동체와 사람의 가치를 집어삼키지 못했던 시절의 추억을 되살렸기 때문이다. 〈응팔〉 속 대한민국은 따뜻했다. 우리는 공동체의 따뜻함을 드라마를 통해서나마 체험할 수 있었다. 사람들은 자신이 갖고 있지 못한 것에 열광하는 경향이 있다. 따라서 우리가 공동체의 따뜻함에 이렇게 열광한다는 것은 우리의 현실이 너무 차갑기 때문일지도 모른다.

공동체의 따뜻함에 목마르다고 외치는 우리의 마음에 이제는 한국 사회가 응답해야 할 차례다.

42. 원하는 것을 가졌고 싫은 일은 하지 않지만, 행복하지 않은 이유

돈으로 행복을 사는 방법 : 크리스마스 캐롤(A Christmas Carol)

거지도 돈을 구걸하지 않는 사람

스크루지 영감(짐 캐리 분). 그는 좋아하는 것과 싫어하는 것이 분명하다. 그가 좋아하는 것은 바로 돈이다. 돈은 그가 유일하게 갖고 싶어 하는 것이다. 그는 돈밖에 모르는 인간이다. 덕분에 큰돈을 모았지만 돈을 쓰는 데는 지독하리만치 인색하다. 그의 인색함은 정평이 나 있어서 심지어는 거지들도 스크루지에게는 돈을 구걸하지 않는다. 스크루지는 다른 사람에게만 인색한 사람이 아니다. 그는 자기에게 쓰는 돈도 철저히 아낀다. 크리스마스 전날 밤. 날씨가 너무 추워서 사무실은 꽁꽁 얼어붙을 것 같지만 불을 피울 생각조차 하지 않는다.

스크루지 영감이 싫어하는 것은 바로 사람이다. 그는 다른 사람과 관계 맺는 것을 싫어한다. 그는 친구도 없고, 아내도 없으며, 물론 아이도 없다. 그는 혼자다. 그리고 혼자가 편하다. 하나밖에 없는 혈육인 조카(콜린 퍼스 분)가 크리스마스에 자기 가족과 함께 지내자며 초대의 말을 건네도 일언지하에 거절한다. 너는 너대로 크리스마스를 지내라고. 나는 나대로 지낼 테니까 상관 말라고. 그는 돈도 없는 인간들이 크리스마스라고 흥겨워하는 것이 도무지 이해가 가지 않는다.

찰스 디킨스의 동명 소설을 원작으로 삼고 있는 로버트 저메키스 감독이 연출한 〈크리스마스 캐롤〉의 스크루지 영감은 자신이 좋아하는 돈을 가졌고, 자기가 혐오하는 인간관계는 단호하게 차단하면서 살아간다. 원하는 것을 가졌고, 싫어하는 일은 하지 않으면서 살고 있다. 하지만 그는 행복하지 않다.

스크루지는 돈이 사람을 행복하게 만들어 줄 것이라고 굳게 믿고 있는 사람이다. 그래서 조카에게 이렇게 묻는다. 가난뱅이 주제에 크리스마스가 뭐가 그렇게 기쁘냐고. 하지만 그의 조카가 되묻는다. 삼촌은 왜 그렇게 우울하냐고. 이렇게 엄청 부잔데.

돈과 행복의 다소 이상한 관계

사람들이 가지고 있는 믿음 중의 하나는 돈이 많으면 많을수록 더 행복할 것이라는 생각이다. 더 많은 재산을 가지고 있을수록, 더 많은 월급을 받을수록, 더 행복한 삶을 누릴 수 있다는 것이다. 우리는 어쩌면 스크루지와 크게 다르지 않은 가치관을 가지고 있는지도 모른다. 사실 이러한 스크루지식 믿음은 어느 정도의 진실을 담고 있다. 입에 풀칠을 하기 힘들 정도로 아주 가난한 사람보다는 돈 걱정을 하지 않고 살아가는 부자가 더 행복할 가능성이 높다.

하지만 연구들에 따르면, 우리가 가지고 있는 돈이 일정 수준을 넘어서면, 돈은 더 이상 우리의 행복을 증진시키는 데 많은 도움을 주지 못한다. 사람들이 가지고 있는 기본적인 욕구를 충족시킬 정도 이상의 돈은 행복을 증진시키는 데 큰 기여를 하지 못하는 것이다. 아주 가난한 사람보다 중산층이 훨씬 더 행복하지만, 중산층에 비해 부자들이 훨씬 더 큰 행복감을 느끼면서 살아가는 것은 아니라는 얘기이다.

돈이 행복을 증진시키는 데 우리가 생각하는 것만큼 큰 영향을 미치지 못하는 이유는 무엇일까? 돈이 행복을 증진시키는 주요한 요인 중의 하나인 타인과의 사회적 관계를 차단할 가능성이 있기 때문이다. 미국 미네소타 대학교의 사회심리학자인 캐슬린 보스Kathleen Vohs 등이 〈사이언스〉 지에 발표한 연구는 '돈'에 대한 생각이 타인과의 사회적 관계를 위축시킬 수 있다는 결과를 보여주었다. 이 연구에서는 '돈'이라는 개념이 무의식적으로 활성화된 사람들은 자신이 어려울 때 타인에게 도움을 요청하는 경향이 감소하고, 반대로 타인이 도움을 필요로 할 때 도움을 주는 경향도 감소한다는 사실이 발견되었다. 또한 '돈'에 대해서 생각하면 혼자 놀고 혼자 일하는 것에 대한 선호가 증가하고, 새로운 사람을 만날 때 더 많은 물리적 거리를 유지하는 경향이 나타났다. 돈이 있으면 사람들은 타인의 도움을 받지 않고 생활할 수 있기 때문에 '돈'은 자기 자족적인 행동 양식과 강하게 연합되어 있다. 그 결과, '돈'이라는 개념의 활성화가 사회적 관계를 차단하는 행동 양식을 촉진한다. 돈에 대해 생각하기만 했는데도 사람들은 스크루지 영감처럼 행동하기 시작하는 것이다.

주변 사람들과의 건강한 사회적 관계를 형성하는 것이 행복해지기 위해 갖추어야 할 가장 중요한 요소라는 연구 결과가 지속적으로 보고되고 있다. 따라서 돈은 경제적인 지원을 제공함으로써 우리의 행복을 증진시킬 수 있는 잠재력을 가지고 있지만, 동시에 사회적 관계의 끈을 약화시키도록 무의식적으로 조정함으로써 우리의 행복을 감소시키는 데 기여할 수도 있는 것이다. 그렇다면 돈을 이용해서 더 행복해질 방법은 없을까?

돈으로 행복을 산 사람들

한 가지 방법은 돈을 나 이외의 다른 사람(가족도 다른 사람에 포함)을 위해 쓰는 것이다. 캐나다 브리티시 컬럼비아 대학교의 사회심리학자인 엘리자베스 던Elizabeth Dunn 등의 연구자들은 〈사이언스〉 지에 발표한 연구에서, 632명의 미국인을 대상으로 연봉, 자신을 위해 쓴 지출액(생활비와 자기 선물)과 타인을 위한 지출액(선물, 기부)이 행복감에 미치는 영향을 조사했다. 사람들은 한 달 평균 약 1천7백13달러를 자신을 위해, 1백45달러를 타인을 위해 쓴 것으로 나타났다. 약 10배 이상의 금액을 타인보다 자신을 위해 사용한 것이다. 하지만 불행하게도 자신을 위한 지출은 행복감에 영향을 미치지 못한 것으로 나타났다. 반면, 기부나 타인을 위한 선물과 같이 친사회적인 지출이 많으면 많을수록 행복감은 커졌다. 평균 약 5천 달러의 보너스를 받은 16명을 대상으로 한 두 번째 연구에서도 자신이 받은 보너스 중에서 타인을 위해 지출한 금액이 많으면 많을수록 보너스를 받고 6~8주가 지난 후의 행복감이 더 커지는 것으로 나타났다. 자신을 위해 사용한 것보다 매우 적은 금액임에도 타인을 위해 사용한 돈은 우리의 행복을 매우 효과적으로 증진시킨 것이다.

만약 아침에 참여한 실험의 대가로 한 사람은 5달러를 받고 다른 사람은 20달러를 받았다면 저녁에 누가 더 큰 행복감을 느낄까? 아마도 거의 모든 사람이 5달러를 받은 사람보다는 20달러를 받은 사람이 더 행복할 것이라고 예상할 것이다. 실제로 누가 더 행복한지를 알아보기 위해서 던 등의 연구자들은 아침에 실험참여자들에게 5달러나 20달러를 주고 오후 5시까지 받은 돈을 모두 사용하도록 지시했다. 결과에 따르면, 20달러를 받은 사람과 5달러를 받은 사람 간에 행복감의 차이는 없는 것으로 나타났다. 즉 아침에 받은 돈의 액수의 차이는 저녁의 행복감에 영향을 미치지 못한 것이다.

그렇다면 아침에 받은 돈을 자신을 위해 사용한 사람과 타인을 위해 사용한 사람이 있다면 누가 저녁에 더 행복할까? 던 등의 연구에서는 돈을 어떻게 사용해야 하는지가 실험 조건에 따라 달라졌다. 한 조건에서는 받은 돈을 모두 자신을 위해 사용하게 했고, 다른 조건에서는 모두 타인을 위해 쓰도록 지시했다. 결과는 타인을 위해 돈을 사용한 사람들이 자신을 위해 사용한 사람들보다 돈을 받기 전인 아침에 비해 돈을 모두 사용하고 난 저녁에 더 행복해진다는 것을 보여주었다.

행복의 맛

돈으로 행복을 살 수 없다고 하는 이유는 돈을 자기 자신만을 위해서 사용하기 때문인지도 모른다. 우리는 돈이 많을수록 행복하고 돈을 자신을 위해 사용할 때 더 행복해질 수 있다고 생각한다. 하지만 우리가 경험하는 행복감은 돈의 액수보다는 돈을 어떻게 사용하는가에 따라 크게 달라지는 것으로 보인다. 특히, 내가 아닌 다른 누군가(가족을 포함한)를 위해서 돈을 사용했을 때 우리의 행복감은 더 크게 증가하는 것이다. 마치 〈크리스마스 캐롤〉의 마지막 장면에서 스크루지 영감이 이웃에게 선물을 나눠주고 치료비를 제공하면서부터 인생의 행복을 맛보기 시작했던 것처럼 타인을 위해서 사용한 돈이 자신의 행복감을 증진시키는 것이다. 어쩌면 우리는 돈으로 행복을 살 수 있는지도 모른다.

43.
얼굴에 기록된 암호를 해독하는 사람

테스토스테론의 심리학 : 관상(The Face Reader)

얼굴로 미래를 예측하는 사람

사람의 얼굴을 통해 그 사람의 성품과 운명을 예측하는 관상. 내경(송강호 분)은 조선 최고의 관상가다. 얼굴만 보고도 부정 축재를 일삼는 관리를 가려낼 수 있고, 누가 살인을 저지른 범인인지도 바로 찾아낸다. 그는 관상을 통해 사람들의 과거와 현재의 숨겨진 모습을 보고, 미래의 운명도 정확하게 예측한다. 심지어는 죽은 후에 무덤에서 꺼내어져 목이 잘릴 운명, 즉 부관참시될 먼 미래의 일까지도 내다본다.

내경은 자신이 관상으로 사람의 운명을 꿰뚫어 볼 수 있는 것은 얼굴 안에 그 사람의 모든 것이 들어 있기 때문이라고 말한다. 사람의 머리는 하늘이고, 눈은 해와 달이며, 이마와 코는 산악이고, 머리카락과 수염은 나무와 풀이다. 얼굴에는 자연의 이치와 세상 삼라만상이 모두 담겨 있다는 것이다. 내경에게 얼굴은 한 사람의 운명에 대한 모든 정보가 담긴 우주인 셈이다.

한재림 감독의 〈관상〉에서 얼굴은 한 사람의 운명에 대한 설계도와 같다. 따라서 설계도만 볼 줄 안다면, 그 사람의 미래를 예측하는 것도 가능하다. 하지만 이 운명의 설계도를 아무나 읽을 수 있는 건 아니다. 왜냐하면 모두 암호화되어 있기 때문이다. 관상가, 그중에서도 오직 내경만이 암호를 정확히 해독할 수 있다. 그는 수양대군(이정재 분)을 보자마자 수양이 역모를 꾀하고 있다는 것을 알아챘다. 수양의 얼굴이 이리의 상이었기 때문이다. 얼굴에 기록된 암호를 해독할 수 있었기 때문에 내경은 관상으로 사람의 운명을 예측할 수 있었다.

얼굴은 정보 제공의 통로다

얼굴에 정보가 담겨 있다는 기본 가정은 사실 틀린 것이 아니다. 얼굴은 그 사람에 대한 수많은 정보를 제공한다. 예를 들어 건강 상태는 얼굴에 쉽게 드러난다. 몸 상태에 따라 얼굴이 창백해지기도 하고 퉁퉁 붓기도 한다. 얼굴은 눈으로 볼 수 없는 사람의 내부 상태와 변화에 대한 정보를 드러내는 통로다. 단지 현재의 과학이 이러한 정보를 해독할 수 있는 기술이나 능력이 없을 뿐 내경의 말마따나 어쩌면 얼굴에는 그 사람에 대한 수많은 정보가 담겨 있을지도 모른다.

물론 아무리 과학이 발달한다고 해도 얼굴을 통해 그 사람이 역모를 일으켜 왕이 될 운명의 소유자인지 아닌지를 예측하기란 불가능하다. 우리의 미래와 미래의 의사결정에는 너무나도 다양한 변수들이 개입하기 때문이다. 하지만 건강한 아이를 낳을 가능성이 높은 얼굴인지 또는 결혼생활 중에 외도의 가능성이 높은 얼굴인지를 알아내는 일은 가능할지도 모른다. 왜냐하면 생식능력과 바람기에 영향을 미치는 호르몬이 얼굴의 형태에도 영향을 미치기 때문이다.

남성이 보는 여성의 관상

진화심리학은 남성들이 건강한 아기를 생산할 수 있는 생식능력의 절정기에 있는 여성의 외모를 아름다운 것으로 지각하도록 진화했다고 가정한다. 생식능력에 영향을 미치는 중요한 요인 중의 하나는 여성 호르몬인 에스트로겐이다. 에스트로겐은 건강한 난소를 가지고 있을 때 충분히, 그리고 원활히 생산된다. 혈액검사를 하지 않고 에스트로겐 분비 정도를 정확하게 확인하는 것은 불가능하다. 하지만 방법이 없는 것도 아니다. 혈액검사보다 정확도는 떨어지지만, 얼굴을 보면 된다. 에스트로겐이 여성의 얼굴 형성에 영향을 미치기 때문이다.

에스트로겐은 뼈의 성장을 억제하는 경향이 있다. 따라서 에

스트로겐이 높은 수준으로 분비되면 눈썹 뼈의 발달이 억제되어서 눈이 상대적으로 커 보이게 된다. 그리고 눈썹이 가늘어진다. 턱뼈의 성장을 억제해서 턱의 크기가 작아진다. 입술에는 지방이 축적되고, 그 결과 입술이 도톰해진다. 앵두 같은 입술을 갖게 되는 것이다. 그리고 깔끔하고 촉촉한 피부를 갖게 된다.

이는 전통적으로 여성스럽고 아름답다고 평가되는 얼굴에서 나타나는 공통적인 특징들이다. 또한 남성들이 매력을 느끼는 얼굴의 특징이기도 하다. 진화의 과정에서 남성들은 건강한 아기를 생산하기에 유리한 신체 내부의 조건을 가진 여성이 누구인지를 얼굴을 통해 파악했다.

여성이 보는 남성의 관상

남성만 여성의 얼굴을 보는 것은 아니다. 여성도 남성의 얼굴에서 자신에게 중요한 정보를 찾아낸다. 남성 호르몬인 테스토스테론은 뼈의 성장을 촉진한다. 따라서 테스토스테론의 농도가 높게 유지되면 턱뼈가 발달해서 각진 턱이 만들어진다. 우리가 흔히 남성적인 턱이라고 말하는 턱을 갖게 된다. 스탠리 큐브릭과 안소니 만 감독이 공동 연출한 〈스파르타쿠스 Spartacus〉의 주인공을 맡았던 배우 커크 더글러스의 턱이 바로 테스토스테론의 턱이다. 풍부한 테스토스테론은 눈썹 뼈를 성장시켜서 눈썹 뼈가 두드러지게 만들고, 눈썹에는 숱이 많아진다. 전체적인 얼굴 형태만 놓고 봤을 때, 터미네이터로 유명한 아널드 슈워제네거의 얼굴이 이러한 남성적인 얼굴의 전형에 가깝다고 할 수 있다.

흥미로운 것은 남성들이 여성성의 상징인 에스트로겐의 농도가 높은 여성의 얼굴을 선호하는 반면, 여성들은 남성성의 상징인 테스토스테론의 농도가 높은 남성의 얼굴에 대한 선호도가 그다지 높지 않다는 사실이다. 테스토스테론은 지배력, 자신감, 공격성 등을 증가시키는 호르몬이다. 실제로 여성들은 테스토스테론이 풍부하다는 것을 신호하는 남성적 얼굴의 소유자들이 지배적이고, 인정머리 없고, 협동심이 부족하고, 정직하지 못한 성격일 것으로 판단하는 경향이 있다. 그런 남자에게 자신을 위한 좋은 남편, 그리고 자신이 낳은 아이를 위한 좋은 아버지의 역할을 맡기기에는 문제가 있다고 생각하게 된다.

테스토스테론의 농도가 높을수록 성적인 욕구도 강해진다. 여성에게 자신을 과시하기 위한 행동도 적극적으로 하는 경향이 있다. 펜실베이니아 주립대학교의 사회학자 앨런 부스Alan Booth와 조지아 주립대학교의 사회심리학자 제임스 대브스 주니어James Dabbs Jr.가 약 4,500명의 남성을 대상으로 수행한 연구에 따르면, 테스토스테론이 풍부하게 분비되는 남성들은 결혼할 가능성이 낮은 것으로 나타났다. 결혼한 경우에도 외도와 폭력, 그리고 아내와의 상호작용 문제 때문에 이혼 가능성이 높았다.

진화심리학에 따르면 여성은 임신과 출산, 그리고 긴 육아 기간 동안 자신과 자신의 유전자를 가진 아기에게 헌신하고 자원을 안정적으로 제공할 수 있는 남성을 선호하도록 진화해 왔다. 따라서 여성이 테스토스테론의 농도가 높은 남성적인 얼굴에 쉽게 끌리지 않는 것은 그런 얼굴에서 좋은 아버지의 자질을 발견하지 못했기 때문이다. 진화의 과정에서 여성들은 자상하고 성실한 아버지가 될 수 있는 신체 내부의 조건을 가진 남성이 누구인지를 상대 남성의 얼굴을 통해 파악해 온 것이다.

진화의 복잡한 욕심

진화가 우리에게 남긴 흔적은 생각보다 복잡하다. 테스토스테론은 면역체계에 부정적인 영향을 미칠 수 있는 호르몬이다. 그런데도 높은 농도의 테스토스테론 수준을 유지하고, 이를 견딜 수 있다는 것은 그 사람이 우수한 면역체계를 가지고 있다는 뜻이다. 따라서 테스토스테론의 농도가 높다는 것을 신호하는 남성적인 얼굴은 여성에게 두 가지 단서를 제공한다. 면역력이 우수한 유전자를 가지고 있을 가능성과 헌신적인 배우자의 자질이 부족할 가능성.

따라서 남성적인 얼굴을 선택하면 면역력이 우수한 유전자를 확보할 수 있지만, 헌신적인 아버지를 기대하기 어렵다. 반대로 여성적인 얼굴을 선택하면 헌신적인 아버지를 얻을 수 있지만, 면역력이 우수한 유전자를 놓치게 된다. 그렇다면 진화는 우리에게 무엇을 선택하라고 말할까?

만약 진화의 가장 중요한 목표가 우리의 유전자를 가진 건강한 후손을 생산하고 이들이 잘 생존하게 만드는 것이라면, 진화는 우리에게 두 가지 장점을 다 취하라고 명령할 것이다. 스코틀랜드 세인트앤드루스 대학교의 진화심리학자인 이안 펜톤-보크Ian Penton-Voak 등이 〈네이처Nature〉 지에 발표한 연구에서는 동일한 남성의 얼굴을 몰핑기법을 이용해 남성적인 얼굴로 변화시키거나 여성적인 얼굴로 변화시켰다. 결과에 따르면, 여성 참여자들은 전반적으로 남성적인 얼굴보다는 여성적인 얼굴을 더 선호하는 경향이 있었다. 진화는 좋은 아버지의 역할을 신호하는 얼굴을 선택하도록 만든 것이다. 하지만 여성 참여자들이 생리적으로 임신 확률이 높아진 주기에는 남성적인 얼굴을 한 남성에 대한 선호가 높아지는 것으로 나타났다. 진화는 우리에게 임신 가능성이 높은 시기에는 면역력이 우수한 유전자 확보에도 관심을 가지라고 명령한 것이다. 진화는 면역력이 우수한 유전자도 포기하지 않았다는 뜻이다.

타고난 관상가

관상을 통해서 역모를 일으켜 왕이 될 얼굴인지를 판단할 수는 없다. 얼굴이 한 개인의 운명에 대한 구체적이고 세밀한 정보를 제공하지 못하기 때문이다. 하지만 얼굴에서 상대가 바람피우는 일에 전용할 수도 있는 연료를 다량 소유하고 있는 사람인지에 대한 정보를 획득할 수는 있다. 덕분에 우리는 본능적으로 바람피울 얼굴에 경계심을 드러내곤 한다. 우리 모두는 내경 같은 천하의 관상가는 아니지만, 상대의 얼굴에서 우리의 생존과 관련된 정보를 본능적으로 캐내는 타고난 관상가이기도 한 것이다.

44.

외로운데 옆구리가 시린 이유

외로움의 심리학 : 웜 바디스(Warm Bodies)

좀비 같은 인생

멍하다. 오늘도 어제처럼 느낌 없는 하루가 시작됐다. 새로운 날의 시작이 주는 설렘은 사라진 지 오래다. 차가운 새벽 공기를 마셔도 소용없다. 진한 에스프레소도 전혀 도움이 되지 않는다. 어제저녁에 술을 마신 것도 아닌데. 그 정도면 잠도 많이 잔 편이다. 그런데도 감각을 잃어버린 것 같은 상태가 하루 종일 지속됐다.

그나마 다행이라면 이런 상태에서도 주어진 일들은 어떻게 꾸역꾸역 처리하고 있다는 것. 거의 똑같은 일을 매일 반복하고 있으니 그럴 수 있는지도 모른다. 덕분에 주위 사람들은 내가 얼이 빠진 상태로 일을 기계적으로 수행하고 있다는 사실을 눈치채지 못하는 것 같다. 아니 어쩌면 그들도 나와 비슷한 상태일지도 모른다.

가끔 멍한 상태로 주어진 일상의 터널을 터벅터벅 걸어가고 있는 자신을 발견하게 될 때가 있다. 그때마다 드는 생각. 이런 게 좀비가 아닐까. 겉은 멀쩡해 보여도 실제로는 좀비 같은 인생을 살고 있는 것은 아닐까.

살아 움직이는 시체인 좀비. 좀비는 보고, 듣고, 냄새 맡고, 움직이고, 그르렁거리는 이상한 소리를 낼 수 있다는 면에서 살아 있다. 하지만 기쁨, 슬픔, 사랑 같은 감정을 느끼지 못한다는 점에서 죽어 있다. 신체는 살아 있지만, 영혼 또는 마음이 죽어버린 존재가 좀비다.

초점 잃은 눈으로 무거운 몸을 가까스로 끌고 다니면서 목적 없이 떼로 몰려다니는 인생. 가끔 먹잇감을 발견하면 앞뒤 안 돌아보고 달려드는 그런 삶. 이런 좀비의 모습은 영혼 없는 일상을 영위하고 있는 우리네 모습을 떠올리게 한다.

좀비에게 수혈된 사랑

무감각한 일상을 깨우는 가장 흥미진진한 사건은 사랑이다. 그래서 좀비같이 살고 있다고 생각하는 순간 간절히 원하게 되는 것이 사랑인지도 모른다. 무기력한 일상이 반복될수록 열정적인 사랑에 대한 욕구는 커진다. 사랑만이 우리를 깨워

줄 유일한 구원자처럼 여겨진다. 좀비 같은 인생에 사랑이 수혈되기만 한다면, 무감각했던 일상에도 따뜻한 피가 다시 돌기 시작할지도 모른다.

조나단 레빈 감독의 〈웜 바디스〉는 바로 사랑으로 구원받는 좀비들의 이야기다. 폐허가 된 공항에서 목적 없는 무기력한 일상을 영위하고 있는 좀비들. R(니콜라스 홀트 분)도 그중 한 명이다. 다른 좀비들보다 젊고 잘생기기는 했지만, 그도 배가 고프면 산 사람의 살과 내장을 뜯어먹어야 하는 좀비다. 그의 몸에서는 좀비 특유의 시체 썩는 냄새가 진동하고, 입가에는 사람을 뜯어먹다 묻은 피가 얼룩져 있다.

좀비 친구들과 인간 사냥에 나선 R. 그는 예쁜 여자 줄리(테레사 팔머 분)를 보고 첫눈에 사랑에 빠진다. 문제는 줄리가 좀비가 아니고 인간이었던 것. 먹잇감과 사랑에 빠지다니. 좀비에게 일어나서는 안 될 일이 일어난 것이다. 멈춰 있던 그의 심장은 줄리를 보자마자 다시 뛰기 시작했다. 좀비와 인간의 사랑은 이렇게 시작한다. R은 줄리를 다른 좀비들로부터 지켜내기 위해 그녀를 자신의 숙소로 피신시킨다. 로미오와 줄리엣이 철천지원수인 두 가문의 반대를 무릅쓰고도 사랑을 키워간 것처럼, R과 줄리도 좀비와 인간들의 공격과 방해에도 굴하지 않고 둘의 사랑을 지켜낸다. 〈웜 바디스〉는 좀비인 로미오와 인간인 줄리엣의 러브스토리인 셈이다.

좀비의 심장을 뛰게 만든 바이러스

R의 사랑은 심장의 두근거림에서 시작했다. 하지만 그의 사랑을 완성하는 것은 줄리에 대한 기억이었다. 그날 사냥에서 R은 페리(데이브 프랑코 분)라는 사내를 죽이고 그의 뇌를 꺼내 먹는다. 다 먹지 못하고 남은 페리의 뇌는 싸 가지고 와서 가끔 생각날 때마다 먹는다. 죽은 사람의 뇌를 먹으면 그 사람의 기억을 경험하게 되는 좀비. R은 페리의 뇌를 먹을 때마다 페리의 기억 속에 저장된 추억을 경험하게 된다. 그런데 페리는 바로 줄리의 남자친구였다. R은 페리의 뇌를 먹으면서 페리가 가지고 있던 줄리와의 행복했던 시절에 대한 추억을 경험할 수 있었다. 덕분에 사랑의 감정은 더 깊어지고 풍부해진다. 사랑에 빠지면 빠질수록 R의 몸에는 따뜻한 피가 온몸의 구석구석까지 돌기 시작한다. 그의 몸은 점점 따뜻해진다.

R과 줄리의 사랑을 목격한 좀비들도 사랑에 감염되기 시작한다. R의 친구인 좀비 M(롭 코드리 분)도 손을 잡고 있는 연인의 사진을 본 후에 갑자기 심장이 뛰기 시작한다. 이 사진을 본 다른 좀비들의 심장에도 불이 들어온다. 좀비들 사이에 사랑이 퍼지기 시작한 것이다. 인간의 관심과 사랑을 받으면서 좀비들의 몸은 점점 따뜻해진다. 사랑이라는 전염병 덕분에 좀비들은 따뜻한 피가 도는 인간으로 변하기 시작한다.

외로우면 옆구리가 시린 이유

우리는 사랑하는 사람이 없을 때 "옆구리가 시리다"라고 말하곤 한다. 이 말은 단지 은유적인 표현에 불과한 것일까? 최근 연구들은 혼자라는 느낌이 들 때 사람들이 실제로 추위를 느낀다는 것을 보여준다. 마치 좀비의 차가운 몸처럼.

우리가 인생에서 가장 큰 외로움을 느낄 때는 사회적으로 혼자가 되었다는 것을 확인하는 순간이다. 사회적 배척상황에서 사람들은 가장 큰 외로움을 경험한다. 캐나다 토론토 대학교의 사회심리학자인 첸보 종Chen-Bo Zhong과 제프리 레오나르델리Geoffrey Leonardelli의 연구에서는 사람들이 사회적으로 배척당하면 실내 온도를 낮게 지각한다는 것을 보여주었다. 혼자라는 생각이 방이 춥다고 느끼게 만든 것이다.

네덜란드 틸뷔르흐 대학교의 사회심리학자인 한스 이저맨Hans IJzerman 등의 연구에서는 버림받았다는 생각이 단지 춥다는 주관적인 느낌에만 영향을 미치는 것이 아니라 실제로 몸의 체온을 낮춘다는 것을 보여주었다. 이 연구에서는 실험참여자들의 검지에 체온 측정 장치를 부착했다. 그러고 난 다음에 사회적 배척상황이 지속되는 동안 24회에 걸쳐서 체온의 변화를 측정했다. 결과에 따르면 사회적 배척은 시간이 지날수록 체온을 떨어뜨렸다. 실험 시작 전에는 비교집단과 체온에 차이가 없었지만, 실험 마지막에는 배척당한 사람들의 체온이 비교집단보다 약 0.7°C나 낮아진 것으로 나타났다. 사회적 배척으로 인해 유발된 외로움이 우리 몸을 실제로 시리게 만드는 것이다.

옆구리가 시릴 때

좀비 같은 인생을 살고 있을 때 꿈에도 그리던 사랑이 '짠' 하고 내게 와준다면 얼마나 좋을까. 하지만 현실은 영화처럼 훈훈하지 않다. 사람들은 좀비 같은 이에게 자신의 관심과 사랑을 내주지 않는다. 사랑을 받으려면 좀비 상태에서 스스로 벗어나야만 한다. 뭐 좋은 방법이 없을까?

첸보 종 등의 연구에서는 사회적 배척을 경험한 사람들은 뜨거운 음식이나 음료를 먹고 싶은 욕구가 크게 증가한 것으로 나타났다. 그들은 얼음이 들어간 차가운 콜라보다는 뜨거운 커피나 수프를 원했다. 외로움이 유발한 차가움을 뜨거운 음식을 통해서 완화하려는 무의식적인 노력 때문이다.

실제로 물리적인 따뜻함은 외로움을 완화해 주는 효과가 있다. 물리적인 따뜻함(차가움)과 심리적인 따뜻함(차가움)은 우리의 마음속에 매우 밀접하게 연합되어 있어서, 서로 대체가 가능하기 때문이다. 그 덕분에 물리적인 따뜻함으로 심리적인 따뜻함을 유도할 수 있는 것이다. 미국 예일 대학교의 사회심리학자인 존 바지 등의 연구에서는 외로움을 크게 느끼는 사람들이 일상생활에서 따뜻한 물로 목욕을 더 자주 하고, 한 번 따뜻한 물에 들어가면 더 오랜 시간을 머무는 것으로 나타났다.

좀비 같은 인생으로부터 당신을 구원해 줄 로미오나 줄리엣이 아직 나타나지 않았다면, 우울에 빠져서 완전히 무너지기 전에 먼저 내 몸을 따뜻하게 감싸줘야 한다. 몸이 추워지면 마음은 더 추워지기 때문이다.

45.
법적으로는 범죄 집단, 심리적으로는 가족

행위자 - 관찰자 차이 : 어느 가족(Shoplifters)

여자가 있다. 이름은 노부요(안도 사쿠라 분). 그녀는 자신을 자주 찾던 남자와 사랑에 빠진다. 그 남자의 이름은 오사무(릴리 프랭키 분). 하지만 여자에게는 남편이 있었다. 그녀는 남자와 함께 남편을 죽인다. 부부 행세를 하던 이들은 버려진 남자아이를 주워온다. 그러곤 좀도둑질을 시킨다. 마트나 문방구의 진열대에 놓여 있는 물건에는 주인이 없다고 가르쳤다. 학교에는 보내지도 않는다. 학교는 집에서 배울 수 없는 애들이나 가는 곳이라고.

아파트 1층 베란다에서 혼자 놀고 있던 여자아이가 있다. 이들은 이 아이도 주워온다. 두 달쯤 지나자 뉴스에 여자아이가 나왔다. 아이가 실종됐다고. 이들은 텔레비전을 통해 실종

뉴스를 다 같이 시청했다. 하지만 아이를 부모에게 돌려보내지 않았다. 오히려 아이를 찾지 못하게 헤어스타일을 바꾸고, 다른 이름으로 불렀다.

할머니도 있다. 할머니는 부부 행세를 하는 남녀와 두 아이에게 잠자리를 내준 사람이었다. 할머니가 타는 연금은 이들의 주된 생활비였다. 이 할머니가 돌아가셨다. 하지만 이들은 할머니의 장례식을 치르지 않았다. 사망신고조차 하지 않았다. 이들은 할머니의 시체를 집 바닥에 암매장한다. 그러곤 할머니의 체크카드로 할머니가 타던 연금을 인출해서 사용하기 시작한다. 법적으로 이들은 범죄 집단이다. 그것도 아주 질이 안 좋은.

시신을 집에 묻은 진짜 이유는 무엇일까?

할머니의 죽음을 숨기고, 시신을 자신들이 사는 집에 묻은 이유는 무엇일까? 이들은 사이코패스일까? 아니면 우리가 모르는 다른 이유가 있는 것일까? 우리는 사람이 어떤 행동을 하면 그 사람이 왜 그렇게 행동했는지, 행동의 진짜 원인은 무엇인지 추론한다. 이렇게 행동의 원인을 추론하는 과정을 귀인歸因이라고 한다. 행동의 원인을 어디에다 돌릴지 결정하는 과정이다.

귀인은 사회적 정보처리의 매우 중요한 과정이다. 그 이유는 동일한 행동 또는 동일한 사건임에도 귀인을 어떻게 했느냐에 따라 그 의미가 완전히 달라지기 때문이다. 귀인의 결과에 따라 우리의 생각, 감정, 그리고 행동이 달라진다.

만약에 할머니를 집에 묻은 이유가 이들이 악마적 성향을 가지고 있기 때문이라고 귀인하면, 이들을 사회로부터 가능한 오랫동안 격리시켜야 한다고 판단할 가능성이 높아진다. 반면, 할머니를 집에 묻을 수밖에 없었던 상황이 있었다고 귀인하면, 오히려 이들이 안타깝게 여겨질 수도 있는 것이다.

행위자-관찰자 차이

흥미로운 것은 사람들이 자기 행동의 원인을 귀인하는 방식과 타인의 행동 원인을 귀인하는 방식에 차이가 있다는 점이다. 사람들은 관찰자로서 타인의 행동 이유를 추론할 때는 타인의 성향에 초점을 맞추는 경향이 강하다. 반면, 행위자로서 자기 행동의 이유를 추론할 때는 자신이 처한 상황에 초점을 맞춘다. 즉 사람들은 타인의 행동은 그 사람의 성격이라는 내적 요인에 귀인하는 경향이 강한 반면, 자기 행동의 원인은 주로 상황이라는 외적 요인에 귀인하는 경향이 강하다. 이러한 행위자와 관찰자 사이에서 발견되는 행동 원인 추론의 차이를 행위자-관찰자 차이라고 부른다.

행위자-관찰자 차이는 개인 간 오해와 갈등, 심지어는 국가 간 오해와 갈등의 원인이 되기도 한다. 정해진 시간보다 한 참 늦게 약속 장소에 도착한 당사자(행위자)는 자신이 늦은 이유가 일찍 출발했음에도 오늘따라 차가 많이 막혔기 때문이라고 상황에 귀인할 가능성이 높다. 하지만 약속 장소에 정시에 나와서 기다리던 상대방(관찰자)은 행위자가 늦은 이유가 그 사람이 불성실하기 때문이라고 성격에 귀인할 가능성이 높다. 또 자기 나라가 미사일을 개발하는 이유는 옆 나라의 군사 위협 때문이라고 자국이 처한 상황에 귀인한다. 하지만 옆 나라가 보기에 상대 국가가 미사일 개발에 박차를 가하는 이유는 그 나라가 매우 호전적인 성향을 갖고 있기 때문이라고 귀인하는 것이다. 동일한 사건 또는 행동의 원인에 대한 귀인의 차이는 오해를 불러일으키고 더 나아가 개인 간, 그리고 국가 간 갈등을 촉발하게 된다.

나쁜 결과는 그 사람이 나쁜 사람이기 때문에 일어난 것일까?

행위자-관찰자 차이가 유발되는 이유 중 하나는 행위자와 관찰자의 시야에 주로 보이는 세상이 다르기 때문이다. 우리가 타인의 행동을 관찰할 때는 그가 처한 상황보다는 주로 그 사람을 보게 된다. 그 결과, 주의를 두지 않았던 상황보다는 주의를 기울였던 행위자로부터 사건의 이유를 찾게 된다. 그래서 관찰자인 우리는 상황에 대한 충분한 고려 없이 타인의 행동은 그들이 가지고 있는 내적 속성의 결과물이라고 판단하기 쉽다. 반면, 행위자의 시야에는 주로 자신을 둘러싼 상황에 대한 정보들이 들어온다.

문제는 행위자-관찰자 차이 때문에 우리가 사회적 약자가 처한 상황에 눈길을 주지 않을 때 발생한다. 관찰자들은 나쁜 행동과 결과는 그 사람이 나쁜 사람이기 때문에 발생한 것이라고 생각하기 쉽다. 그 결과, 불행의 원인은 그들 자신에게 있다고 생각하게 된다. 가난한 사람들은 게으르고, 무능력하기 때문에 가난한 것이고, 그래서 그들의 가난은 오롯이 그들이 책임져야 할 몫이라고 여기는 것이다.

이러한 귀인 양식은 우리의 마음을 편하게 만들어준다. 그들의 불행은 내가 속한 사회시스템의 책임도 아니고, 더 나아가 공동체의 구성원 중 한 명인 나의 책임도 아니라고 생각하게 해주기 때문이다. 행위자-관찰자 차이 덕분에 우리는 타인의 불행에 심리적 거리를 두며 살 수 있는지도 모른다.

심리적으로는 가족

할머니를 집에 묻은 두 남녀는 제71회 칸 영화제에서 황금종려상을 수상한 고레에다 히로카즈 감독의 〈어느 가족〉의 아빠와 엄마다. 그리고 영화는 이 둘이 너무도 따뜻한, 미워할 수 없는 사람들이라는 것을 보여준다. 심지어는 이들이 범죄를 저지르는 것을 보고도, 관객들은 이들이 잡히지 않기를 바라는 마음이 간절해진다. 어느 순간부터 이들의 선택과 행동에 공감하고 있는 자신을 발견하게 된다. 그렇게 되는 이유는 고레에다 감독이 이들과 사건을 둘러싼 상황을 보여주기 때문이다.

여성의 남편은 가정폭력을 일삼는 사람이었다. 그녀는 남편의 폭력을 방어하는 과정에서 살인을 저지르고 만 것이다. 법원에서도 정당방위로 무죄 판결을 받았다. 남자아이는 부모가 파친코의 주차장에 버리고 간 아이였다. 그냥 두었으면 죽었을지도 모르는 아이를 데려와 함께 산 것이다. 여자아이는 늘 추운 겨울바람이 부는 날 혼자 아파트 1층 베란다에 있었다. 집에는 아무 인기척도 없었고, 부모는 아직 돌아오지 않은 것 같았다. 그래서 따뜻한 음식이나 먹이려고 데려왔다. 밥을 먹이고 다시 집으로 데리고 갔는데, 부모들이 싸우는 소리가 들렸다. 누구 씨인지도 모르는 아이를 키우고 있다며. 여자아이의 몸에는 상처가 있었다. 폭력의 흔적이었다. 그들이 여자아이를 집으로 돌려보내지 않은 이유다.

이들은 법적으로는 가족이 아니었다. 하지만 심리적으로는 가족이었다. 가난했지만 행복했다. 할머니를 암매장한 것은 그렇게 해서라도 이 심리적 가족을 지키고 싶었기 때문이다. 할머니도 이해하실 것이다. 할머니도 자신들과 같은 공간에 함께 있는 게 혼자 산속에 누워 계시는 것보다 나을 것 같았다.

좀도둑질로 연명하는 이 가족들에게는 할머니의 연금을 사용하지 않는 것이 더 이상했다. 할머니가 돌아가셨다고 해서 연금을 받지 않으면 이 가족은 생존할 수 없었다.

영화의 힘

관객은 영화 속 타인의 행동을 바라보는 관찰자다. 따라서 행위자-관찰자 차이에 따르면, 관객은 주인공들의 행동 원인을 그 주인공의 성격이라는 내적인 요인에서 찾을 가능성이 높아진다. 영웅은 영웅적 속성을 가지고 있고, 악마는 악마적 속성을 가지고 있다고 생각하게 되는 것이다. 〈어느 가족〉의 두 남녀의 행동 원인을 관찰자의 시점에서 보면 이들은 파렴치하고, 보통 사람들보다는 악마에 조금 더 가까운 인물들처럼 보인다. 절도, 살인, 유괴, 암매장. 양심이나 도덕은 털끝만큼도 찾아볼 수 없는, 엽기적이기까지 한 사람들로 보이는 것이다.

〈어느 가족〉의 놀라운 점은 관찰자인 관객에게 상황을 보게 만든다는 것이다. 그 결과, 우리는 이 가족에 공감하고, 이 가족의 미래를 걱정하게 된다.

영화라는 매체는 우리를 심리적으로 더 성장시키는 힘을 가지고 있다. 그리고 그 힘은 일상에서는 쉽게 외면하던 상황이라는 정보를 관찰자인 관객으로 하여금 주의를 기울여 보게 만드는 데서 나온다. 덕분에 나쁜 행동과 결과는 나쁜 사람이 아니라 나쁜 상황 때문에 발생하기도 한다는, 너무도 명백하지만 우리가 오랫동안 잊고 지내던 사실을 다시 일깨워준다.

46.
눈을 뜨고 있어도 보이지 않는 것들

부주의 맹시 : 감시자들(Cold Eyes)

눈으로 본 모든 것을 기억하는 사람

경찰청 감시반 소속 하윤주(한효주 분)의 기억력은 초능력에 가깝다. 마치 감시카메라에 찍힌 장면을 보는 것처럼 눈으로 본 모든 것을 기억한다. 하윤주에게 부여된 임무는 지하철 2호선에 탄 목표물을 감시하는 것. 그녀는 40대 후반 남성의 일거수일투족을 빠짐없이 기억해 낸다. 목표물의 인상착의. 그가 타고 있던 지하철의 객차 번호. 지하철에서 벌어진 사건과 거기에 있었던 사람들의 얼굴. 목표물의 동선과 그가 움직인 정확한 시간. 심지어 공중전화 부스에서 전화번호부에 메모를 하던 목표물의 필압까지 확보해 뒀다.

하윤주가 놀라운 기억력으로 목표물에 대해 설명하고 있을 때, 갑자기 감시반의 황 반장(설경구 분)이 묻는다. 목표물이 들고 있던 신문에는 뭐가 쓰여 있었냐고. 하윤주가 멈칫거린다. 목표물이 지하철에서 쇼핑백을 든 여자와 부딪히면서 가지고 있던 신문을 떨어뜨린 것을 분명히 봤는데…. 다시 한번 차분하게 기억을 더듬는다.

지하철에서 봤던 것들을 하나씩 지워가면서 신문에 대한 기억으로 접근하기 시작한다. 드디어 그녀의 이미지 속에 있던 모든 대상은 지워지고 신문만 남는다. 이제 내용을 읽기만 하면 된다. 하지만 그녀의 기억이 보여준 것은 글자가 다 지워진 신문지뿐이었다. 하윤주의 기억에는 기사 제목이나 내용은 입력되지 않았던 것이다. 바로 그때 황 반장이 소리친다.

"부주의 맹시!"

기억력이라는 무기

조의석, 김병서 감독이 공동 연출한 〈감시자들〉의 주인공은 경찰청 특수조직인 감시반 요원들. 이들의 목표물은 초강력범들이다. 3분 만에 은행을 털고, 특검 조사 대상의 서류를 탈취하면서 단서 하나 남기지 않는 무장 범죄조직이 감시반의 상대다.

감시반이 사용하는 무기는 일반 경찰들이 사용하는 것들과는 사뭇 다르다. 감시반의 본부는 최첨단 기기를 활용해서 감시반을 지원하지만, 현장 요원들이 사용하는 무기는 바로 그들의 눈과 머리다. 스스로를 노출시키지 않기 위한 가장 확실한 방법으로 요원들은 감시용 기기의 사용을 최소화한다. 대신 개개인의 관찰력과 기억력을 이용한다. 요원들의 관찰력은 감시 카메라도 놓치는 범인을 찾아낼 정도로 뛰어나다.

특히 놀라운 것은 이들의 기억력이다. 마치 사진을 찍듯이, 자신의 곁을 스쳐 지나간 사람들의 미세한 부분까지도 놓치지 않고 기억해 낸다. 보고 기억하는 능력은 모든 사람이 가지고 있는 능력이지만, 감시반이 현장에서 사용하는 관찰력과 기억력이라는 무기의 성능은 상상을 초월한다.

부주의 맹시

감시반 중에서도 가장 뛰어난 능력을 보여주는 사람은 경찰대를 갓 졸업하고 감시반에 선발된 하윤주다. 그런 하윤주도 목표물이 가지고 있던 신문의 내용은 기억해 내지 못했다. 부주의 맹시(inattentional blindness) 때문에.

부주의 맹시란 우리가 주의를 두지 않은 대상을 지각하지 못하는 심리적 현상을 일컫는다. 황 반장은 하윤주가 목표물의 움직임에만 모든 신경을 기울이다 보니 신문에는 제대로 주의를 두지 않았고, 그 결과 신문 내용은 기억하지 못했다고 지적한 것이다.

보이지 않는 고릴라

농구공을 주고받는 사람들을 구경하고 있는데 한 사람이 고릴라 복장을 하고 이들 사이를 천천히 지나갔다고 생각해 보자. 정상적인 시력을 가지고 있는 사람이 고릴라 차림을 한 이 사람을 눈치 채지 못할 수 있을까? 더구나 한눈팔지 않고 농구공을 패스하는 사람들을 지켜보고 있었다면?

미국 하버드 대학교의 인지심리학자인 대니얼 사이먼스Daniel Simons 등이 발표한 연구에 따르면, 답은 '그렇다'이다. 이들은 연구 참여자들에게 세 명씩 한 팀으로 구성된 사람들이 서로 농구공을 패스하는 영상을 보여주었다. 참여자들의 과제는 흰색 티셔츠와 검은색 티셔츠를 입은 두 팀 중에서 흰색 티셔츠를 입은 팀의 구성원들이 주고받은 공의 횟수를 정확하게 세는 것이었다. 흥미로운 점은 패스를 주고받는 중간에 고릴라 복장을 한 커다란 사람이 등장해서 이들 사이를 통과한다는 것이다. 그냥 빠르게 지나친 것도 아니고, 중간에 한 번 멈춰 서서 카메라를 보고 진짜 고릴라처럼 자신의 가슴을 몇 번 두드리기까지 한다.

이 영상에 등장하는 고릴라를 보지 못하기란 불가능해 보인다. 하지만 이 영상을 본 사람들 중에서 약 50%의 사람들이 고릴라를 보지 못한 것으로 드러났다. 실제로 수업시간에 학생들에게 이 영상을 보여주면 많은 학생들이 고릴라를 보지 못한다. 나중에 다시 영상을 보여주면 자신이 보지 못한 고릴라가 얼마나 컸는지를 확인하고 경악을 금치 못한다.

혹시, 고릴라를 보지 못한 사람들은 영상에 집중하지 않고 도중에 딴짓을 한 것은 아닐까? 고릴라를 보지 못한 참여자들도 몇 번의 패스가 이루어졌는지를 거의 정확히 기억하고 있었던 것으로 나타났다. 이는 영상에 집중하고 있었다는 뜻이다. 그렇다면 뭐가 문제였을까?

눈을 뜨고 있어도 보이지 않는 이유

이 연구의 핵심은 패스의 횟수를 세도록 한 것이다. 참여자들은 두 팀 중 한 팀의 패스만 정확히 세기 위해서 모든 주의를 기울여서 공의 움직임을 쫓아야 했다. 그 결과, 주의를 두지 않았던 대상인 고릴라가 보이지 않았던 것이다.

부주의 맹시가 발생하는 이유는 우리의 의식이 처리할 수 있는 정보량이 매우 적기 때문이다. 눈을 포함해서 우리의 감각기관에는 수많은 정보가 접수되는데, 이 중에서 의식적으로 자각할 수 있는 것은 우리가 주의를 둔 극히 일부에 불과하다.

주의는 선택적인 속성을 가지고 있다. 우리가 선택한 대상(농구공 패스)에 주의를 집중하면, 다른 대상(고릴라)에는 주의를 둘 수 없는 상태에 놓이게 된다. 그 결과, 눈은 뜨고 있지만 주의를 두지 않은 대상은 눈앞에 있어도 보지 못하는 일이 발생한다.

눈은 같은 세상을 봤지만

두 사람이 본 세상이 완전히 다른 이유

문제는 사람마다 관심사가 다르기 때문에 동일한 세상을 보면서도 서로 다른 대상에 주의를 두는 경우들이 발생한다는 것이다. 그래서 두 사람의 눈은 같은 세상을 바라봤지만, 두 사람의 의식이 실제로 본 세상은 완전히 다를 수 있다.

나는 내 눈으로 분명히 고릴라를 봤지만, 상대방은 자기도 자기 눈으로 주의 깊게 봤는데 고릴라는 분명히 없었다고 이야기하는 상황이 발생할 수 있다. 내 의식이 볼 수 있는 세상은 전체 중 일부에 불과하고, 다른 사람은 그 세상의 또 다른 일부만을 볼 수 있기 때문이다.

인생에서 가장 큰 오해는 바로 서로 자기가 분명히 봤다고 말하는 사람들 사이에서 발생한다. 두 사람은 모두 진실을 말하고 있다. 하지만 두 사람은 모두 상대방이 거짓말을 하고 있다고 생각한다. 이제 소통의 가능성은 사라진다.

세상을 객관적으로 정확하게 볼 수 있다는 생각은 착각에 불과하다. 우리는 완벽하지 않다. 이 완벽하지 않음을 인정하지 않는 한 소통은 불가능하다. 소통은 인간의 불완전함을 인정하고 받아들이는 것에서부터 시작된다.

47.

차가운 마음을 녹이는 손길

터치의 심리학 : 브레이킹 던 part 2(The Twilight Saga: Breaking Dawn Part 2)

차가운 마음을 녹이는 작은 손

뱀파이어와 인간이 사랑에 빠진다. 차가운 피를 가진 뱀파이어 에드워드(로버트 패틴슨 분). 따뜻한 피가 도는 인간 벨라(크리스틴 스튜어트 분). 둘은 모든 난관을 극복하고 결혼에 성공한다. 그리고 사랑의 결실인 딸을 얻는다. 그 아이가 빌 콘돈 감독이 연출한 〈브레이킹 던 part 2〉의 르네즈미(매켄지 포이 분)다. 그녀는 빠른 속도로 신비스러운 매력을 지닌 소녀로 성장한다.

르네즈미는 인사를 나눌 때 손을 잡지 않는다. 신비스러운 눈동자로 상대의 눈을 바라보면서 슬며시 상대의 볼에 손을 갖다 댄다. 한쪽 볼을 어루만지듯이 자신의 작은 손을 상대방의 뺨에 가져가는 것이다. 그렇게 하면 말하지 않고도 상대에게 자신의 생각이 전달된다.

르네즈미는 천진난만한 소녀에 불과하지만, 다른 뱀파이어들에게는 두려움의 대상이 된다. 뱀파이어와 인간의 유전자를 절반씩 물려받은 존재는 르네즈미가 거의 유일하기 때문이다. 뱀파이어의 세계에서 르네즈미는 낯선 존재다.

낯설다는 것은 불확실하고 예측하기 힘들다는 의미다. 예측 불가능성은 불안을 야기한다. 그리고 미지의 대상에 대한 불안은 쉽게 두려움으로 증폭된다. 〈브레이킹 던 part 2〉는 낯선 존재에 대한 두려움에 있어서는 뱀파이어들도 예외가 아니라고 이야기한다. 낯선 존재인 르네즈미를 과거에 뱀파이어 종족을 위험에 빠뜨렸던 '불멸의 아이'로 의심하게 된다. 뱀파이어들에게도 반인-반뱀파이어인 르네즈미라는 낯선 존재는 불안과 두려움을 불러일으킨 것이다. 결국 뱀파이어 세계에서 가장 큰 힘을 가진 볼투리 일가는 르네즈미를 제거하기 위해서 군대를 움직인다.

에드워드와 벨라는 르네즈미를 지키기 위해서 지구상에 흩어져 살고 있던 다른 뱀파이어들에게 도움을 청한다. 하지만 그들도 르네즈미를 의심하기는 마찬가지다. 그럴 때마다 르네즈미는 천천히 다가가서 의심으로 가득한 눈빛을 보내는 상대의 뺨에 자신의 손을 가져간다. 르네즈미의 마음은 그녀의 손길을 통해서 상대에게 전달된다. 그제야 상대는 비로소 르네즈미를 위험한 존재가 아니라 사랑스러운 아이로 바라볼 수 있게 된다. 르네즈미의 손길을 경험한 뱀파이어들의 입가엔 따뜻한 미소가 피어오른다. 두려움으로 가득 찬 뱀파이어들의 차가운 마음을 눈처럼 녹여버리는 것은 바로 그녀의 작은 손이었다.

터치의 심리학

손길을 통해서 자신의 생각을 온전히 전달하는 능력은 르네즈미만의 것처럼 보인다. 뱀파이어의 차가운 피가 흐르지 않는 보통의 사람들에게는 손길을 통해 자신의 생각을 상대에게 전할 수 있는 초능력이 없으니까. 하지만 과연 그럴까?

몸속에 따뜻한 피만 흐르는 사람들도 자신의 손길을 통해서 상대에게 자신의 마음을 전달하곤 한다. 다만 르네즈미처럼 자신의 생각을 구체적으로 생생하게 촬영된 필름처럼 전달하지 못할 뿐이다. 사람들은 손길을 통해 단순하지만 큰 의미를 지닌 정보를 상대에게 전달할 수 있다. 그리고 전달하면서 살고 있다. 단지 자신이 그렇게 하고 있다는 사실을 의식적으로 자각하지 못할 뿐이다.

주변에 보면, 이야기를 하다가 상대의 말에 "맞아, 맞아"라면서 강하게 동의를 표현하거나 정말 재미있다는 신호를 보낼 때 상대의 팔과 같은 신체 부위를 살짝 터치하거나 잡는 사람들이 있다. 이러한 신체 접촉은 상대에게 어떤 영향을 미칠 수 있을까?

이스라엘 텔아비브 대학교의 경영학자인 제이컵 호닉Jacob Hornik의 연구에서는 세일 매장을 방문한 고객들에게 실험자가 제품 카탈로그를 나누어주면서 고객들의 팔을 약 1초에서 2초의 매우 짧은 시간 동안 터치했다. 결과에 따르면, 신체적인 터치를 경험한 고객들이 터치를 경험하지 않았던 고객들보다 매장에 대해 더 호의적인 평가를 한 것으로 나타났다. 하지만 매장 입장에서 실질적으로 더 중요했던 것은, 신체적인 터치를 경험했던 고객들이 터치를 경험하지 않았던 고객들보다 매장에 머물렀던 평균 시간이 더 길었고, 그 결과 매장에서 제품을 구매하는 데 더 많은 돈을 썼다는 사실이었다. 매우 짧은 순간 터치가 이루어졌고 터치를 시도한 실험자는 고객에게 아무것도 요구하지 않았지만, 매장 입장에서는 매우 긍정적인 결과를 얻을 수 있었다.

미국 미주리-캔자스 시티 대학교의 소비자심리학자인 데이비드 스미스David Smith 등이 실시한 연구에서는 매장에 들어오는 손님에게 피자 시식을 권유하면서 고객의 팔을 1~2초 동안 터치하거나 터치하지 않았다. 이들을 상대로 피자의 맛에 대한 평가를 한 결과, 터치가 맛 지각에는 영향을 미치지 않은 것으로 나타났다. 즉 신체적인 터치를 경험하든, 하지 않든 피자의 맛은 똑같았던 것이다. 하지만 터치를 경험한 소비자가 그렇지 못했던 소비자들보다 피자 시식 요청에 대한 승낙 비율이 더 높았고, 결국 피자를 더 많이 구매했다.

손을 잡으면 마음이 잡힌다

손길을 통해 전달되는 대표적인 정보는 따뜻함이다. 사람들은 신체적 터치를 통해서 따뜻함을 전달한다. 잡고, 쓰다듬고, 안는다. 이때 가장 빈번하게 사용되는 신체 기관이 바로 손이다. 악수는 손길을 통해 따뜻함을 서로 주고받기 위해서 인류의 역사가 고안해 낸 생활양식인지도 모른다.

인류는 이미 오래전부터 손을 잡는 것은 마음을 잡는 것이라는 사실을 알고 있었을지도 모른다. 왜냐하면 많은 언어에서 손을 잡는다는 표현을 서로 마음을 함께 한다는 뜻으로 사용하고 있기 때문이다. 우리 언어에서도 마찬가지다. 내가 누군가와 손을 잡았다는 것은 같은 목표, 즉 같은 마음을 공유하는 사이가 되었다는 것을 의미한다. 또한 '손을 잡아준다.' '손을 내밀어준다'라는 표현은 도움과 위로, 그리고 공감의 의미로 사용된다.

터치를 통해 전달되는 따뜻함이 심리적인 따뜻함으로 변환될 수 있는 이유는 이를 가능케 하는 부위가 우리의 뇌에 자리

잡고 있기 때문이다. 뇌에는 뇌섬엽(insula)이라는 부위가 있는데, 이곳의 피질은 물리적인 따뜻함과 심리적인 따뜻함을 함께 처리한다. 즉 뇌섬엽의 피질은 온도의 변화와 같은 물리적인 따뜻함에 반응하면서 동시에 신뢰, 공감 등과 같은 심리적인 따뜻함에도 반응한다. 그 결과, 물리적인 따뜻함을 경험했을 때 심리적인 따뜻함이 자동적으로 활성화되고, 반대로 심리적인 따뜻함을 경험했을 때 물리적인 따뜻함도 함께 활성화되는 것이다. 덕분에 아이들은 어머니의 따뜻한 품 안에서 어머니의 따뜻한 마음을 느낄 수 있다.

상대를 따뜻한 사람으로 만들어서 따뜻하게 행동하게 하는 것은 가장 근본적인 설득 방식이다. 르네즈미가 자신을 의심하는 뱀파이어들을 설득할 수 있었던 가장 큰 힘도 그녀의 작은 손을 통해 전달된 따뜻함에서 나왔는지 모른다. 하지만 굳이 뺨에 손을 갖다 대지 않아도 된다. 손을 잡는 것만으로도 충분하다. 손을 잡으면 마음을 잡을 수 있다.

48.
모든 것이 예측 가능해진 후에 사라진 설렘

계획오류 : 사랑의 블랙홀(Groundhog Day)

두 '필' 중에서 누가 날씨를 더 잘 예측할까?

일기예보에 따르면, 이번 주 날씨는 아주 화창하다. 눈, 비 소식도 없다. 새해가 되면 텔레비전에서 어김없이 틀어주는 해롤드 래미스 감독의 〈사랑의 블랙홀〉의 필 코너스(빌 머레이 분)는 일기예보 진행자다. 오늘은 성촉절 행사를 취재하러 가는 날이다. 성촉절은 뚱뚱한 다람쥐처럼 생긴 그라운드호그라는 동물을 이용해서 겨울의 마지막 추위가 얼마나 더 지속될지 점쳐보는 전통 축제다.

필은 방송국 직원에게 취재만 하고 바로 돌아와서 저녁 생방송을 진행하겠다고 다짐한다. 그가 향한 곳은 펜실베이니아의 작은 시골 마을인 펑추토니. 이곳에는 펑추토니 '필'이라는 애칭으로 불리는 유명한 그라운드호그가 산다. 전설에 따르면, 평추토니 필은 겨우내 동면을 취하다가 2월 2일에 땅굴 속에서 기어 나온다고 한다. 그런데 굴에서 나오다가 자기 그림자를 보게 되면 다시 굴속으로 들어가 버려서 추운 겨울이 6주나 더 이어진다고 한다. 반대로 자기 그림자를 못 보면 굴 밖으로 완전히 나와서 세상에 봄이 찾아온다는 것이다.

이날 행사에서 진행자들은 펑추토니 필이 자기 그림자를 봤다고 선언한다. 그래서 앞으로 6주간 겨울이 더 지속될 것이라고 예상한다. 기상 통보관인 필은 이런 허무맹랑한 구닥다리 축제를 취재한다는 것 자체가 못마땅하다. 그라운드호그가 자기 그림자를 봤다고 추운 날씨가 이어질 거라니 어이가 없다.

그는 취재가 끝나자마자 펑추토니를 떠나 방송국으로 향한다. 하지만 차가 고속도로에 들어서자마자 예기치 못했던 문제가 발생한다. 갑자기 눈보라가 치고 폭설이 내려서 도로가 끊긴 것이다. 하는 수 없이 필은 펑추토니로 돌아와서 하루를 더 묵게 된다. 날이 맑을 것이라던 기상캐스터 필의 예측은 완전히 빗나가고, 혹한이 지속될 것이라는 그라운드호그 필의 예측이 맞아떨어진 것이다.

미래를 예측하는 사람들

미래를 정확히 예측할 수 있는 능력을 가진 사람은 없다. 하지만 사람들은 미래를 예측한다. 심지어 미래를 예측하는 것을 직업으로 삼은 사람도 많다. 대표적인 것이 타인의 운명을 점치는 사람들이다. 사주팔자, 관상, 손금, 타로 등의 다양한 방법을 이용해서 미래를 점친다. 여론조사를 이용해서 미래의 대통령이 누가 될지를 예측하는 사람들도 있다. 경제학자들은 세계와 한국경제의 미래를 예측한다.

미래예측을 직업적으로 하는 사람 중에서 우리가 거의 매일 접하는 사람들도 있다. 기상 통보관이 바로 그들이다. 아침 저녁으로 텔레비전에 등장해서 미래의 날씨를 알려준다. 이들은 미래를 예측하고, 그 결과를 대중에게 매일매일 공표하는 것이 공식적으로 허용된 사람들이다. 내일의 날씨는 물론 한 주, 한 달, 심지어 한 해의 기상에 대해서도 전망해 준다.

기상 통보관이나 점쟁이만 미래를 예측하는 것은 아니다. 사람들은 모두 자신의 미래를 예측하면서 산다. 그리고 이를 토대로 미래를 계획한다. 예를 들어, 토요일에 해야 할 일이 없고 날씨가 화창할 것이라고 예상하면 나들이 계획을 세울 수 있다. 언제까지 무엇을 어떻게 하는 것이 가능하리라고 예상하기 때문에 이를 토대로 계획을 세울 수 있는 것이다.

계획오류

흥미로운 것은 미래에 대한 예측을 토대로 세운 계획이 계획대로 되는 경우가 거의 없다는 사실이다. 시드니의 오페라 하우스는 2007년에 유네스코 세계문화유산으로 선정되기도 한 호주를 상징하는 건축물 중의 하나다. 1957년에 건축 결정이 내려질 당시, 오페라 하우스의 건설에는 총 700만 달러의 비용이 들고 1963년까지는 모든 공사가 완료될 것으로 예상됐다. 하지만 이런 예상은 크게 빗나갔다. 실제로 소요된 총 건축비는 약 1억 2백만 달러였고, 오페라 하우스는 1973년이 되어서야 개관할 수 있었다. 애초에 예상했던 비용의 약 15배가 들었고, 공사 기간도 예상보다 10년이나 길어진 것이다.

사람들은 계획을 완수하는 데 걸리는 시간이나 노력을 추정할 때 오류를 범하는 경우가 많은데, 이를 계획오류(planning fallacy)라고 한다. 계획오류는 오페라 하우스 건설과 같은 대규모 사업에서만 발생하는 것은 아니다. 사람들이 일상적으로 작은 계획을 세울 때도 발생한다. 휴가를 가기 일주일 전까지는 일을 쉽게 마무리할 수 있을 것이라고 자신하곤 하지만 실제로는 휴가 떠나는 날 새벽까지 밤새워 일하고 있는 자신의 모습을 발견하게 되는 것이다.

작심삼일의 오류가 발생하는 이유

우리가 연례행사처럼 범하는 계획오류가 있다. 새해가 되면 많은 사람이 신년 계획을 세운다. 새로운 마음으로 새로운 1년이라는 미래의 도화지에 자신의 계획을 그려보는 것이다. 매일 30분씩 영어 공부하고, 운동도 규칙적으로 하겠다는 다짐을 해본다. 하루에 이 정도 시간을 내는 것은 크게 어렵지 않다고 예상하기 때문이다. 하지만 다들 경험했다시피 신년 계획은 작심삼일이 되기 일쑤다. 한 해가 지나고 나면 새해 계획 중에 제대로 실천한 것은 하나도 없다는 사실을 발견하곤 한다. 그리고 의지박약이라고 자신을 비난하면서 한 해를 마무리하기도 한다.

계획오류가 발생하는 이유는 사람들이 자신의 미래를 예측할 때 예상하지 않았던 의외의 일들이 일어날 가능성을 과소평가하는 경향이 있기 때문이다. 순조롭게 예측한 대로 일이 진행되는 과정만을 머릿속에 그리면서 계획을 세운다. 문제는 우리가 실제로 대면하게 되는 현실은 예상하지 못했던 일들로 가득 차 있다는 것이다. 중간시험을 망쳤으니 기말시험 기간에는 공부만 하겠다고 계획을 세웠는데, 시험 전날 군대에 있을 거로 생각했던 둘도 없는 친구가 특별휴가를 받았다고 자취방에 나타나는 일이 발생한다.

계획을 짤 때 미래에 발생할 수 있는 모든 변수를 사전에 예측하고 이를 계획에 포함시키는 것은 사실상 불가능하다. 따라서 모든 계획에는 늘 오류가 수반된다. 문제는 사람들이 계획을 세울 때 이런 오류의 크기를 너무 작게 추정하는 경향이 있다는 것이다. 그 결과, 계획을 실천하는 과정에서 생각보다 더 많은 시간과 노력이 들게 된다. 신이 아닌 이상 앞으로 일어날 모든 일을 정확히 예측하고 계획을 수립하는 것은 불가능하다. 따라서 전문가도, 심지어는 똑같은 일을 이전에 수행했던 사람들조차 계획오류를 범하기 쉽다.

계획오류는 너무 강력해서 쉽게 줄이기 힘들다고 한다. 거의 모든 사람이 계획오류를 범한다. 최악의 경우를 상상하고 계획을 짜도 계획오류가 발생한다. 따라서 신년 계획이 작심삼일로 끝났다고 해서 스스로를 의지박약이라고 비난하면서 죄책감을 느낄 필요는 없다. 계획을 실천한 지 삼 일도 되지 않아서 예측하지 못했던 돌발 상황이 발생한 것이 작심삼일의 주된 이유일 가능성이 높기 때문이다.

계획오류를 줄일 수 있는 한 가지 방법은 과거에 자신이 비슷한 계획을 세웠을 때 어떤 결과가 나왔는지를 참고하는 것이다. 만약 과거에 영어책 한 권을 보는 데 3개월이 걸렸다면 이번에 비슷한 분량의 다른 영어책을 보는데도 거의 3개월이 걸릴 가능성이 높다. 과거의 결과를 무시하고 이번에는 한 달 안에 끝낼 수 있다고 계획을 세우면, 조만간 스스로를 비난하고 있는 자신을 다시 만나게 될 확률이 높다.

미래의 불확실성이 우리를 설레게 한다

그렇다면 계획오류가 없는 삶은 행복할까? 폭설 때문에 펑추토니에서 하룻밤을 묵은 필에게 어제와 똑같은 하루가 반복된다. 다음날도, 그다음 날도 똑같은 하루가 반복된다. 덕분에 모든 것이 예측 가능해진다. 흥미로운 것은 예측하지 못했던 폭설 때문에 필이 받았던 스트레스보다는 모든 것이 예측 가능해진 후에 그가 받게 되는 고통이 더 크다는 사실이다.

앞으로 자신에게 일어날 모든 일을 예측할 수 있게 된 순간 필은 절망에 빠진다. 미래가 사라졌기 때문이다. 미래는 불확실하다. 불확실성은 두려움과 불안의 근원이지만 동시에 희망의 원천이기도 하다. 따라서 미래예측의 오류가 사라지는 순간, 미래의 희망도 함께 사라진다. 예측할 수 없는 미래는 우리를 작심삼일하게 만든다. 하지만 가끔은 희망이라는 이름표를 달고 우리 앞에 나타나기도 한다. 미래의 불확실성이 우리를 가슴 설레게 만드는 이유다.

49.

불행이 자기 탓인 줄 아는 사람

학습된 무기력 : 내 깡패 같은 애인(My Dear Desperado)

"그래도 우리나라 백수 애들은 착혀. 거 테레비에서 보니까 그 프랑스 백수 애들은 일자리 달라고 다 때려 부수고 개지랄을 떨던데. 우리나라 백수들은 다 지 탓인 줄 알아요. (중략) 정부가 잘못해서 그런 건데. 야, 너도 너 욕하고 그러지 마. 취직 안 된다고. 응? 니 탓이 아니니까. 당당하게 살어. 힘내."

김광식 감독이 연출한 〈내 깡패 같은 애인〉의 삼류 깡패 동철(박중훈 분). 그는 업계에서는 퇴물이 된 지 오래다. 깡패임에도 일반인하고 싸워서 쥐어터지기 일쑤다. 그의 삶에서는 '열심'이나 '성실'을 찾아보기도 힘들다. 그런 그가 노력하면 결국에는 이루어진다는 생각으로 최선을 다해 인생을 살고 있는,

하지만 아직 취직 못 한 '옆집 여자' 세진(정유미 분)에게 위로랍시고 건넨 말이다.

과연 세진이 취직을 못 한 이유는 세진이 못났기 때문일까, 아니면 정부가 잘못했기 때문일까?

문화와 귀인 방식

귀인에 대한 연구들에서 발견된 흥미로운 사실 가운데 하나는 바로 동철의 주장처럼 귀인 방식이 국가나 문화에 따라 상당히 다르다는 것이다. 한국, 중국, 일본처럼 집단주의 문화권에 사는 사람들은 자신에게 일어난 긍정적 사건은 외부 귀인하는 경향이 강하다. 미용실 원장님 덕분에 미스코리아 진에 뽑힐 수 있었다고 눈물을 글썽이는 모습은 집단주의 문화에서 전형적으로 관찰되는 외부 귀인이다. 반대로 자신에게 일어난 부정적 사건의 경우에는 그 책임이 자기 자신에게 있다고 내부 귀인하는 경향이 강하다. 동철의 말처럼, 취직하지 못하는 것이 자신의 능력 또는 노력 부족 때문이라고 생각하는 것이다.

미국과 유럽을 포함한 개인주의 문화권의 귀인 방식은 집단주의 문화권에 사는 사람들과는 거의 정반대다. 자신에게 일어난 긍정적 사건은 내부 귀인하는 경향이 강하다. 서양의 올림픽 메달리스트들의 인터뷰를 들어보면 자신이 올림픽을 위해서 얼마나 강도 높은 훈련을 소화했는지를 주로 설명한다. 그 무엇보다도 자신의 노력과 실력이 메달 획득의 주된 요인이라고 생각하는 것이다. 하지만 실패의 원인은 외부에서 찾는 경향이 강하다. 자신의 삶이 곤경에 처하게 된 이유가 정부 정책의 실패나 세계 경기의 불황과 같은 상황적 요인 때문이라고 생각하는 사람들이 많다.

우리나라는 집단주의 문화권에 속하기 때문에 자신의 성공은 외부 귀인하고 실패는 내부 귀인하는 경향이 강하다. 그런데 부정적 결과를 지속적으로 내부 귀인하도록 요구하는 문화는 치명적 결과를 초래하기도 한다.

학습된 무기력

우리에 갇혀 있는 강아지 한 마리를 생각해 보자. 우리는 한가운데를 칸막이로 막아서 둘로 나뉘어 있다. 하지만 마음만 먹으면 쉽게 우리의 한쪽 면에서 다른 쪽 면으로 뛰어넘어 갈 수 있게 만들어져 있다. 이 우리의 가장 큰 특징은 바닥에 전기충격을 가할 수 있는 장치가 설치되어 있다는 것이다. 연구자가 원하면 두 면 중에 한쪽 면에 강한 전류를 흘려보낼 수 있도록 만든 것이다.

만약 한쪽 면에서 평화를 즐기고 있던 강아지에게 강한 전기충격을 주면, 놀란 강아지는 바로 칸막이를 뛰어넘어 다른 쪽으로 이동한다. 문제는 강아지가 칸막이를 뛰어넘을 수 없도록 줄로 묶어놓을 때 발생한다. 줄에 묶인 상태에서 전기충격을 주면, 처음에는 줄 때문에 칸막이를 뛰어넘을 수 없음에도 칸막이를 뛰어넘기 위해서 최선을 다한다. 하지만 아무리 발버둥을 쳐도 칸막이를 넘어갈 수 없다는 것을 깨닫는 순간 더 이상 칸막이를 넘으려는 시도를 하지 않는다.

비극은 바로 이 순간부터 시작된다. 장애물을 뛰어넘으려는 노력이 헛수고라는 것이 명백해지면, 더 이상 전기충격을 피하려 하지 않는다. 강아지는 마치 모든 것을 체념하고 전기충격을 담담히 견디겠다고 결심한 것처럼 보인다. 심지어 배를 깔고 엎드린 채로 전기충격이 주어질 때마다 가끔 움찔거릴 뿐 일어서려고 하지도 않는다.

만약 이때 줄을 풀어주면 어떤 일이 벌어질까? 놀랍게도 이제는 줄이 풀려서 마음만 먹으면 칸막이를 뛰어넘어 전기충격이 없는 안전한 곳으로 탈출할 수 있음에도 그런 시도를 하지 않는다. 강아지는 지속적인 좌절을 통해서 자신이 칸막이를 뛰어넘을 수 없는 것이 자신 때문이라고 믿게 된 것이다. 지속적인 좌절을 통해 무기력을 학습한 결과다.

미국의 펜실베이니아 대학의 긍정심리학자인 마틴 셀리그만Martin Seligman의 학습된 무기력에 관한 연구는 사람들이 어떤 과정을 통해서 삶을 포기하게 되는지를 보여준다. 실험실의 강아지뿐 아니라 사람들의 경우에도 자신의 삶을 자신의 뜻과 노력에 따라서 통제할 수 없다는 무기력을 학습하게 되면 우울함에 빠지게 된다. 우울은 우리가 너무 잘 알고 있듯이 청년 자살의 가장 중요한 원인으로 꼽히는 심리적 증상이다.

청년 자살

우리나라에서 한 해 동안 자살하는 사람은 약 1만 3천 명이 넘는다. 2003년 이후 OECD 회원국 가운데 자살 부문에서 두 해를 빼고는 계속 1위를 차지하고 있다. 특히 20대의 사망 원인 중 자살이 차지하는 비율은 54% 이상이고, 10대와 30대의 경우에도 가장 많은 사망 원인을 자살이 차지하고 있다. 이들의 주요 자살 동기는 염세나 비관이다. 도대체 무엇이 청년들을 염세와 비관으로 몰아가는 것일까?

〈내 깡패 같은 애인〉의 세진은 열심히 노력하면 성공할 수 있다는 '공정한 사회'에 대한 믿음을 가진 청년이다. 실제로 그녀는 능력과 노력 면에서 그 누구에게도 뒤지지 않는다. 하지만 현실은 그녀에게 면접을 제대로 볼 기회조차 제공하지 않는다. 그녀가 여성이라는 것과 이력서에 새겨진 출신 대학이 서울 이외의 지역에 있다는 것 때문에 면접관들은 그녀에게 직무와 관련된 질문을 할 생각조차 하지 않는다. 손담비의 '토요일 밤에'를 춤추며 불러보라고 해놓고, 키득거리기까지 한다. 이런 상황에서 그녀에게 취업 원서를 낸다는 것은 한 번 더 좌절을 맛보기로 결심하는 것과 크게 다르지 않다. 그리고 이러한 상황은 개선의 여지 없이 매번 반복되기만 한다.

이런 조건에서 실패를 외부 요인이 아닌 개인의 능력이나 노력 부족과 같은 내적 요인에 귀인하는 것은 자존감을 고갈시키고 수치심을 증가시킨다. 수치심은 우울한 감정과 자살률을 증가시키는 주요 감정 중의 하나이다. 따라서 세진이 처한 상황에서 실패에 대한 내부 귀인은 자기 파괴의 안내자가 될 가능성이 크다.

청년 자살에는 다양한 원인이 존재하지만, 청년들로 하여금 실패를 개인의 무능과 노력 부족에 스스로 내적 귀인하도록 유도하는 문화도 청년 자살의 급증에 크게 기여하고 있을 것이다. "내 탓이오"라고 당당하게 말할 수 있는 태도는 존경할 만하지만, 가끔은 스스로 "너는 잘못이 없다"고 다독여줄 필요도 있다. 개인의 노력이 너무나도 쉽게 좌절되는 시절에는 삼류 깡패 동철의 귀인 방식이 삶의 끈을 놓지 않는 힘을 주기도 한다.

50.
같은 꿈을 꾸는 사람,
같은 삶을 사는 사람

꿈의 심리학 : 우리는 같은 꿈을 꾼다(On Body and Soul)

육체와 영혼

사랑을 만났다. 그녀는 그와 나눈 모든 대화를 기억한다. 그가 자신에게 했던 말을 순서대로 토씨 하나 틀리지 않고 모두 기억하고 있다. 그가 자신에게 세 번째로 했던 말도, 열일곱 번째로 했던 말도 녹음해 둔 것처럼 모두 기억해 낼 수 있다.

2017년 베를린 영화제에서 황금곰상을 수상한 일디코 엔예디 감독의 〈우리는 같은 꿈을 꾼다〉의 마리어(알렉산드라 보르벨리 분)는 모든 것을 기억하는 사람이다. 그녀는 맑고 아름다운 눈을 가지고 있다. 그 눈으로 세상을 정밀하게 본다. 도축 회사에서 고기 품질을 검사하는 일을 하는 그녀는 지방 두께 1㎜의 차이도 식별할 수 있다. 그녀는 보고 배운 대로 기계적으로 일한다. 지방 두께가 1㎜만 더 두꺼워도 그동안 쭉 A등급을 받던 고기에 B등급을 매긴다.

하지만 그녀에게는 친구도 사랑도 없다. 건강하고 아름다운 육체를 가지고 있지만, 그녀는 감정을 느끼지 못한다. 자신의 감정도 느끼지 못하고 타인의 감정도 이해하지 못한다. 그래서 한쪽 팔을 쓰지 못하는 엔드레(게자 모르산이 분)에게 팔이 불구라 한 손으로 떠먹을 수 있는 음식만 먹는 거 아니냐는 말을 아무 거리낌 없이 할 수 있다. 모든 것을 기억하는 그녀는 집으로 돌아와서 자신이 한 말과 엔드레가 한 모든 말을 순서대로 복기하고 나서야 자신이 던진 말이 얼마나 부적절했는지 깨닫는 사람이다.

같은 도축회사의 재무 이사인 엔드레는 인자한 눈을 가지고 있는 신사다. 차분하게 타인에 공감할 줄 아는 사람이다. 하지만 그의 몸과 삶은 물기라고는 하나도 없는 메마른 나뭇가지 같다. 오래전에 사랑은 사라졌고 육체는 부서졌다. 자기 삶의 챕터에 더 이상 사랑이라는 것은 없다고 생각하면서 사는 사람이다.

이 영화의 영어 제목인 '육체와 영혼에 대하여(On Body and Soul)'의 관점에서 보자면, 엔드레는 육체가 무너진 사람이고, 마리어는 영혼이 얼어붙은 사람이다. 몸은 마음에 영향을 주고, 마음은 다시 몸에 영향을 미친다. 엔드레의 무너진 육체는 그의 따뜻한 마음을 외롭게 만들고, 마리어의 얼어붙은 영혼은 그녀의 아름다운 몸도 얼어붙게 만든다.

도축장에는 소들이 차례를 기다리고 있다. 소들은 맑은 눈망울을 가지고 있다. 마리어의 눈을 닮았다. 하지만 많은 소가 다닥다닥 붙어 있어서 옆에 함께 있는 다른 소들을 쳐다볼 수도 없다. 창살을 통해서 볼 수 있는 손바닥만 한 하늘만이 햇살의 눈부심을 선사한다. 그곳에는 눈부신 자유도 따뜻한 사랑의 기회도 없다. 단지 머리가 잘려 나가기 전까지 춥지 않은 공간에 있을 수 있다는 것만이 이들에게 주어진 혜택이다.

마리어와 엔드레의 사랑 없는 쓸쓸하고 메마른 삶. 이들의 삶은 도축장에서 차례를 기다리는 소들과 닮아 있었다.

나와 같은 꿈을 꾸는 사람

눈이 가득 내린 한겨울의 숲속은 눈부시도록 아름답고 장엄하기까지 하다. 하지만 겨울을 나야 하는 두 마리 사슴에게는 혹독한 계절이다. 아름다운 뿔과 건장한 육체를 지닌 수컷은 눈 속을 뒤져서 즙이 가득한 풀을 찾아낸다. 그리고 암컷에게 건넨다. 작은 호숫가. 둘은 차갑지만 맑은 물로 목을 축인다. 둘의 맑은 눈망울이 서로를 확인할 때, 혹한의 풍경은 아름다움으로 채워진다.

회사 직원 전체를 대상으로 한 심리상담 과정에서 마리어와 엔드레는 같은 꿈을 꾸고 있다는 것을 알게 된다. 그들은 매일 밤 꿈에서 만나고 있었다. 한쪽 팔을 쓰지 못하는 메마른 엔드레는 꿈속에서 아름다운 뿔과 건장한 육체를 지닌 수컷 사슴이었다. 다른 사람의 감정을 읽지 못해서 상황에 맞지 않는 말만 하던 마리어는 이제 아름다운 암컷 사슴이다. 말을 하지 않아도 소통하고 교감할 수 있다.

꿈속 사슴의 모습과 삶은 현실에서의 마리어와 엔드레, 그리고 소들의 삶과는 정반대였다. 이들은 살아 있었고, 생기 넘치고, 사랑하고 있었다. 마리어와 엔드레는 현실에서 이루지 못했던 욕망을 꿈속에서 실현하고 있었다.

꿈의 심리학

프로이트에 따르면 우리가 꾸는 꿈은 우리의 소망을 반영한다. 현실에서 이루지 못했거나, 현실에서 억압당했던 소망들을 꿈에서 실현함으로써 사람들이 가지고 있던 무의식적 욕구를 충족시킨다는 것이다. 프로이트는 현실에서 표현하지 못하고 억압하게 되는 소망들은 주로 성적 욕망과 같은 금기들이기 때문에 꿈속에서 우리의 욕망은 위장된 형태로 표현된다고 주장한다. 따라서 프로이트의 정신분석학적 관점에서 기차가 터널을 통과하는 꿈은 성적인 관계에 대한 소망의 위장된 표현인 것이다.

프로이트의 이론은 우리의 상상력을 자극하기에 충분하다. 하지만 현대의 과학적 심리학 연구들은 건조하기 짝이 없게도 기차가 터널을 통과하는 꿈은 그저 기차가 터널을 통과하는 꿈에 불과하다고 말한다. 하지만 프로이트의 모든 가정이 부정된 것은 아니다.

미국 하버드 대학교의 사회심리학자인 다니엘 웨그너Daniel Wegner 등의 연구에서는 참여자들에게 자신이 아는 사람 중에 두 명을 생각해 보라고 했다(예. 어머니, 아버지). 그러고 난 다음에, 둘 중 한 명을 대상(예. 어머니)으로 나머지 한 명을 비대상(예. 아버지)으로 선정하게 했다. 그리고 잠자리에 들기 전에 머릿속에 떠오르는 생각은 무엇이든 5분간 기록하도록 했다. 여기에는 세 가지 실험조건이 있었다. 억압조건에서는 대상(어머니)에 관한 생각을 억압하라고 지시했다. 즉 어머니에 관한 생각이 떠오르지 않도록 노력하도록 만든 것이다. 표현조건에서는 이 대상(어머니)에 관한 생각을 집중적으로 떠올리라고 지시했다. 마지막으로, 언급조건에서는 이 대상(어머니)의 이름 이니셜을 적게 한 다음에 아무 생각이나 떠오르는 것을 자유롭게 기록하도록 했다. 수면을 취한 후, 다음 날 아침에 참여자들이 무슨 꿈을 꿨는지 알아봤다. 사람들은 대부분 자신이 대상으로 선정한 사람(어머니)과 관련된 꿈을 비대상으로 선정한 사람(아버지)에 대한 꿈보다 많이 꾼 것으로 나타났다. 꿈은 우리가 잠들기 전에 했던 생각들을 반영한다. 잠들기 전에 어떤 방식으로든 어머니에 대한 생각을 하면 어머니와 관련된 꿈을 꿀 가능성이 높아진다. 마찬가지로 하루 종일 시험 걱정을 하면, 꿈에 시험을 보는 꿈을 꾸게 될 가능성이 높아지는 것이다. 이 연구에서 가장 흥미로운 발견은 대상으로 선정한 사람(어머니)에 대한 꿈을 가장 많이 꾼 사람들은 바로 억압조건의 참여자들이었다는 사실이다. 어머니에 대한 생각을 하지 않으려고 억압했더니 어머니에 대한 생각이 꿈속에서 더 많이 튀어오른 것이다. 이를 웨그너 등의 연구자들은 꿈의 반발 효과(dream rebound effect)라고 명명했다. 프로이트의 가정처럼 꿈은 우리가 현실에서 억압했던 생각들을 재료로 삼는다.

우리는 같은 삶을 산다

마침내 사랑을 확인하고 맞이한 아침. 토마토를 썰다가 튄 즙에도 엔드레와 마리어는 웃음이 터진다. 엔드레는 지난 밤 자신이 꿈을 꾸지 않았다는 사실이 신기하다. 그러고 보니 마리어도 몇 달째 꾸던 꿈을 꾸지 않았다. 현실에서 충족시키지 못했던 사랑에 대한 욕구를 꿈에서 실현했던 두 사람에게 이제는 사슴이 되어서 사랑을 나누는 꿈은 더 이상 필요하지 않게 된 것이다.

눈으로 뒤덮인 숲속의 작은 호숫가. 두 마리 사슴이 머물던 곳. 이제 더 이상 사슴은 그곳에 없다. 이제 우리는 같은 삶을 산다.

51.

영원히 살 수는 없지만,
영원히 기억될 수는 있다

사진의 심리학 : 8월의 크리스마스(Christmas in August)

"이거 아들이 해준 건데, 쓰는 게 낫지."

가족사진을 찍으러 사진관에 온 할머니 옆에는 갓난아기부터 초등학생 손자, 손녀, 아들, 딸, 며느리, 사위가 다 모여 있다. '다복하다'라는 말이 잘 어울리는 삼대의 모습이다. 사진사는 할머니가 안경을 쓰고 찍는 게 나을지 벗고 찍는 게 나을지를 확인해 본다. 사진사가 안경을 쓰고 찍는 게 더 좋겠다고 말하자, 할머니는 안경이 잘 어울리는 이유를 아들에 대한 고마움에서 찾은 것이다.

"어머니, 사진관에 오셨으니까 독사진 하나 찍으세요." 가족사진을 다 찍고 일어서려는데, 아들이 독사진 찍자는 이야기를 꺼낸다. 할머니는 마뜩잖다. 자신의 영정사진을 준비하려고 하는 게 뻔해 보인다. 할머니는 아직 자신에게 시간이 꽤 남아 있고, 그래서 천천히 나중에 찍어도 될 것 같은데, 아들은 기왕 사진관에 온 김에 한 장 찍으시란다. 아들이 찍자고 하니 마지 못해 찍기는 하는데, 할머니 표정이 밝지는 않다.

조금 더 예쁜 사진이 필요한 이유

비가 추적추적 내리는 밤. 할머니는 혼자 사진관 문을 열고 들어와서 사진사에게 수줍게 묻는다. 낮에 찍은 사진 다시 찍을 수 있냐고. 할머니는 연분홍색 한복을 곱게 차려입고 오셨다. 낮에 입었던 한복보다 화사하다.

"나 사진 예쁘게 잘 찍어줘야 해. 이거 제사상에 놓을 사진이야." 연분홍 한복 덕분인지, 이번에는 안경을 벗으니 더 고운 얼굴이 드러난다. 이제야 할머니는 환한 미소를 짓고 사진을 찍는다. 낮에 사진을 찍을 때 표정이 밝지 못했던 이유는 아들이 아직도 살날이 많이 남은 자신에게 영정사진을 찍자고 해서가 아니었다. 영정사진을 찍을 줄 알았다면 더 곱고 화사한 모습으로 준비하고 왔을 텐데, 준비도 안 된 자신에게 갑자기 영정사진을 찍으라고 하니 속이 상했던 것이다.

할머니에게는 낮에 찍었던 것보다는 더 예쁜 사진이 필요했다. 이번에 찍는 사진이 가족들이 자신을 기억하게 될 마지막 모습이기 때문이다. 자손들은 제사를 지내며 한 번씩 오늘의 할머니를 만나게 될 것이다. 가족은 자신을 기억해 줄 사람들이다. 그들이 할머니의 모습을 기억하는 한, 세상을 떠나도 할머니는 사람들의 기억 속에서만은 영원히 살아남을 수 있을지도 모른다. 할머니에게 더 예쁜 사진이 필요했던 이유다. 자신을 기억해 줄 사람들에게 조금이라도 더 고운 모습으로 기억되고 싶었기 때문이다.

인생의 8월에 준비하는 죽음

허진호 감독이 연출한 〈8월의 크리스마스〉의 사진사 정원(한석규 분)은 30대 초반의 나이에 죽음을 준비한다. 인생의 8월에 죽음을 맞이하게 된 사진사. 인생의 12월은 그를 기다리고 있지 않다. 비디오 트는 것조차 정원의 도움을 받아야 하는 아버지. 지금까지 자질구레한 일들은 정원이 처리했었는데 이제 그는 더 이상 아버지를 도울 수 없을 것이다. 그래서 그는 준비한다. 자신이 없는 세상에서 아버지가 조금 덜 불편하게 일상을 사실 수 있도록. 비디오 트는 순서에서부터 하나씩 기록을 남긴다.

그리고 그는 사진을 찍는다. 초원사진관에 찾아온 손님들의 사진. 증명사진, 가족사진, 그리고 할머니의 영정사진. 그는 자신의 8월에 찾아온 크리스마스 같은 존재인 다림(심은하 분)의 환한 얼굴도 사진으로 담아둔다. 정원은 자신의 사진도 남긴다. 가족들과의 사진, 죽마고우들과의 단체 사진, 그리고 그는 마지막으로 자신의 영정사진을 남긴다.

영원히 살 수는 없지만, 영원히 기억될 수는 있다

우리의 삶은 영원하지 않다. 우리의 인생은 시간과 함께 소멸한다. 우리 모두의 삶에는 끝이 있다. 그럼에도 사람들은 불멸에 대한 욕망을 가지고 있다. 세상을 떠나야만 한다는 것을 알고 있음에도, 세상에 계속 남아 있고 싶은 것이다. 이탈리아의 기호학자 움베르토 에코Umberto Eco는 사람들이 이러한 딜레마를 해결하기 위해서 다른 사람의 기억 속에 살아남는 방법을 선택했다고 주장한다. 물리적으로는 세상에 더 이상 존재하지 않지만, 다른 사람들의 마음속에서는 살아남아서 이 세상에 계속해서 존재하려고 한다는 것이다. 그래서 어떤 사람들은 자신을 기억해 줄 자식에게 평생을 바치고, 다른 사람들은 자신의 이름을 세상에 남기기 위해서 분투하기도 한다.

우리는 영원히 살 수는 없지만, 영원히 기억될 수는 있다. 할머니가 돌아가신 후에도 누군가가 할머니를 추억한다면, 그의 마음속에 할머니는 살아 있는 것인지도 모른다. 에코는 자신이 죽은 다음에도 누군가가 글을 쓰면서 에코 자신이 썼던 책이나 논문을 읽고 인용하는 한, 자신은 영원히 세상에 살아 있게 되는 셈인지도 모른다고 했다. 우리는 영원히 살 수는 없지만, 기억됨으로써 누군가의 마음속에 살아남을 수 있는 것이다.

몇몇 특별한 사람들은 역사에 이름을 남기는 방식으로 수많은 사람의 마음속에서 영원히 살아남을 수 있지만, 대부분의 사람은 가족을 포함해 자신을 기억해 주는 몇몇 사람의 마음속에 살아남는다. 하지만 사람의 기억은 영원하지 않다. 아무리 사랑하는 사람이라도 그에 대한 기억은 시간과 함께 스러져간다. 이때 사람들의 기억을 붙잡아 주는 것이 사진이다. 사진은 기억이다. 사진은 현재의 순간을 붙잡고, 그래서 사진 속 인물이 우리의 마음속에서 살아갈 수 있게 해준다. 사진이 없던 시절, 우리가 현재를 붙잡을 수 있는 유일한 수단은 그림이었다. 그래서 돈과 권력을 가지고 있던 사람들은 자신들의 초상화를 그리게 했다. 그렇게 불멸을 꿈꾼 것이다.

사진보다 사랑이 먼저다

정원도 사진을 찍고 다림도 사진을 찍는다. 둘의 사진은 모두 기억을 위한 것이다. 하지만 정원의 사진과 다림의 사진은 다르다. 정원은 사진사고 다림은 불법 주차 단속반원이다. 정원의 사진기 앞에 앉은 사람들은 모두 환한 미소를 짓는다. 그들은 기억을 붙잡아두기 위해 사진관을 찾았다. 이 사진을 통해 누군가에게 자신이 기억되기를 원한다. 하지만 다림의 사진을 통해 자신들이 기억되기를 원하는 사람은 없다. 다림이 불법 주차된 차량의 사진을 찍을 때마다 사람들이 거칠게 항의하고 화를 내는 이유다.

우리는 누군가의 마음속에 좋은 모습으로 남아 있기를 원한다. 다른 사람의 마음속에 나쁜 모습으로 기억되기를 원하는 사람은 없다. 미움과 증오로 기억된 채 누군가의 마음에 영원히 살아남는다면, 불멸은 가장 큰 처벌이 될지도 모른다.

사진은 사랑이 아니다. 사진은 기억일 뿐이다. 사진은 사랑을 기억하게 할 수도 있지만, 미움을 기억하게 할 수도 있다. 사진이 무엇을 기억하게 할지는 사진 속의 인물과 그 사진을 바라보는 사람의 추억이 결정한다. 사랑의 추억은 그 사진을 통해 더 선명하게 사랑을 기억하게 하고, 미움의 추억은 그 사진 때문에 더 선명한 미움의 과거를 떠올리게 만든다. 다림은 자신이 가지고 있는 카메라가 볼품없어서 사람들이 자기한테 쉽게 화를 낸다고 투덜댄다. 하지만 더 좋은 카메라로 더 선명하게 사진을 찍는다면, 사람들은 기억되기를 원치 않는 자신의 모습을 더 선명하게 남기려는 다림에게 더 크게 화내지 않을까? 누군가에게 내 사진이 좋은 기억으로 남기 위해서는 비싼 카메라가 아니라 그 사람과의 좋은 추억이 필요한 것이다. 누군가의 기억 속에서 살아남아야 한다면, 그와 좋은 추억을 먼저 만들어놔야 하는 이유다. 사진보다는 사랑이 먼저다.

기억해 주셔서 감사합니다

눈 내린 크리스마스. 정말 오랜만에 초원사진관 앞에 온 다림. 사진관의 쇼윈도에는 지난 8월에 정원이 찍었던 다림의 증명사진이 걸려 있다. 사진 속에서 환하게 웃고 있는 다림. 그 사진을 보는 다림도 환해진다.

사진은 기억하고 있다는 사실을 증명하기도 한다. 내가 지니고 있는 사진은 내가 그 사진 속 인물을 기억하고 있다는 것을 말한다. 그는 나를 기억하고 있었다. 쇼윈도의 사진이 그렇게 말한다. 정원을 보지 못했어도 다림은 행복하다. 내가 사랑하는 사람이 나를 기억해 준다는 것만으로도 우리는 행복할 수 있다. 기억해 주셔서 감사합니다.

에필로그

영화를 사랑한 심리학, 심리학이 새겨진 영화

영화와 사랑에 빠지는 것만큼 쉬운 일도 없을 것이다. 나도 그랬다. 그것도 아주 어린 나이에. 우리 시절의 많은 사람이 그랬듯이 그 사랑은 14인치 흑백텔레비전 시절 〈주말의 명화〉에서부터 시작했다. 〈빠삐용〉, 〈스파르타쿠스〉, 〈카사블랑카〉, 그리고 히치콕 감독의 영화들까지. 자그마한 어린 마음은 장면 하나하나를 사랑하지 않을 수 없었다. 흑백으로 본 게 명백하지만 모든 장면이 컬러로 기억날 만큼 매혹적이었다.

유하 감독의 〈말죽거리 잔혹사〉보다 더 숨 막혔던 중고등학교 시절을 견딜 수 있게 해준 것도 영화였다. 중학교 1학년 소풍이 끝나고 곧바로 집으로 돌아가라고 하신 담임 선생님의 신신당부를 뒤로하고 친구들과 재개봉관에 몰려가서 봤던 성룡의 〈사형도수〉, 중학교 3학년의 겨울 방학, 미성년자도 슬쩍 들여보내 주던 매표소 아저씨가 있던 성남 극장에서 본 이장호 감독의 〈어둠의 자식들〉과 마이클 치미노 감독의 〈디어 헌터〉, 기말고사가 끝나는 날 저녁에 배창호 감독의 〈적도의 꽃〉을 보러 동네 극장에 갔다가 단체 관람하러 왔나 싶을 정도로 많았던 학교 친구들을 보고 웃었던 날. 영화는 감금당한 사춘기의 우리를 숨 쉬고 웃을 수 있게 해준 유일한 사랑이었다.

대학에 가길 잘했다는 생각이 들게 해준 동아리에서 준비한 작은 영화제들, 그곳에서 만난 〈모던 타임즈〉와 〈위대한 독재자〉로 시작했던 찰리 채플린에 대한 열광, 졸린 눈을 비비며 하루에 서너 편씩을 몰아서 봤던 우디 앨런 영화제에서 제목만으로 눈을 번쩍 뜨게 만들었던 〈섹스에 관해 당신이 알고 싶어 하는 모든 것: 하지만 차마 묻지 못했던 것들〉. 복제 비디오로 틀어줬던 영화들은 도대체 몇 번째 복사물인지 화면에는 비가 내렸고 한 번에 이해하기 어려운 엉성한 번역이었지만 그동안 만날 수 없었던 새로운 마음들과 만날 수 있게 해줬다.

영화를 보는 것을 넘어 영화를 만드는 사람이 되고 싶다는 욕망이 커지던 시절, 심리학 공부를 계속하는 게 맞을지 아니면 새로 영화 공부를 시작하는 게 좋을지 진지하게 고민한 적이 있었다. 하지만 내가 스스로의 재능에 대해 오판하지 않도록 도와준 거장들 덕분에 나는 심리학에 집중할 수 있었다. 종로의 코아 아트홀에서 만난 왕가위 감독의 〈중경삼림〉, DVD로라도 영화를 소유하고 싶은 욕구를 갖게 만들었던 테오 앙겔로풀로스 감독의 〈안개 속의 풍경〉, 데이비드 린치 감독의 〈광란의 사랑〉, 그리고 차이밍량 감독의 〈애정만세〉.

페드로 알모도바르 감독의 열렬한 팬이었던 폴란드 친구에게 더 괜찮은 영화가 있다고 자랑스럽게 추천했던 박찬욱 감독의 〈올드 보이〉와 〈복수는 나의 것〉. 우리 영화가 보여주는 아름다움과 통찰의 크기는 이제 더 이상 설명이 필요 없다. 허진호 감독의 〈8월의 크리스마스〉와 〈봄날은 간다〉, 김태용 감독의 〈가족의 탄생〉, 류승완 감독의 〈모가디슈〉, 이창동 감독의 〈밀양〉과 〈시〉, 그리고 봉준호 감독의 〈살인의 추억〉과 〈기생충〉까지. 한국 영화는 우리 사회의 질문에서 출발한 이야기를 통해 다른 사회에 사는 사람들의 고민에도 답하기 시작했다.

영화제로 휴가를 다녀오기 시작한 지 얼마 되지 않았지만, 소중한 추억들이 하나씩 쌓여가고 있다. 부산 국제영화제에서 만난 켄 로치 감독의 〈나, 다니엘 블레이크〉, 전주 국제영화제 관객과의 대화에서 만난 일디코 엔예디 감독의 〈우리는 같은 꿈을 꾼다〉. 영화제가 주는 발견의 기쁨은 생각보다 크다. 새로운 영화는 새로운 세계를 발견하는 즐거움을 제공한다.

최근의 가장 큰 발견은 드라마, 특히 우리 드라마의 위대함이다. 박해영 작가의 〈나의 아저씨〉와 〈나의 해방일지〉, 노희경 작가의 〈우리들의 블루스〉, 임상춘 작가의 〈동백꽃 필 무렵〉, 그리고 황동혁 감독의 〈오징어 게임〉까지. 한국 드라마는 우리와 우리 사회의 모습을 바라볼 수 있게 해주고, 우리를 위로하는 힘을 가지고 있다. 다시 보기가 자유로워진 시대, 나는 가끔 하루 날을 잡아서 드라마의 위로를 흠뻑 받는 기쁨을 누리곤 한다.

사랑은 사람을 성장시킨다. 영화에 대한 사랑도 마찬가지다. 영화는 매일 조금씩 우리의 마음을 자라게 한다. 어설픈 자막과 비디오테이프의 낡은 색감으로 만났던 영화들도 그동안 이해할 수 없었던 우리와 우리 사회의 마음을 이해할 수 있게 해준다. 덕분에 우리는 더 커진 마음으로 사람과 세상을 맞이할 수 있게 된다.

영화를 사랑한 심리학자가 있었고, 사랑은 그에게 심리학이 새겨진 영화들을 볼 수 있게 허락했다. 덕분에 그는 위로받을 수 있었다. 영화를 사랑한 심리학자의 첫 번째 고백을 여기에서 마친다.

참고문헌

Part 1 봄의 영화, 따뜻한 위로

1. 왜 내 인생에만 비가 내리는 걸까?

초점주의 오류: 미드나잇 인 파리(Midnight in Paris)

Wilson, T. D., Wheatley, T., Meyers, J. M., Gilbert, D. T., & Axsom, D. (2000). Focalism: A source of durability bias in affective forecasting. *Journal of Personality and Social Psychology, 78*, 821-836.

Schkade, D. A., & Kahneman, D. (1998). Does living in California make people happy? A focusing illusion in judgments of life satisfaction. *Psychological Science, 9*, 340–346.

2. 스미스 요원의 주먹세례를 견뎌내게 하는 힘

트리니티 효과: 매트릭스(The Matrix)

Rosenthal, R., & Jacobson, L. (1968). *Pygmalion in the classroom: Teacher expectations and student intellectual development.* New York: Holt, Rinehart and Winston.

3. 반드시 내게로 돌아온다는 믿음

대상영속성: 늑대소년(A Werewolf Boy)

Piaget, J., & Valsinen, J. (2017). *The child's conception of physical causality.* Abingdon-on-Thames: Routledge.

Ainsworth, M. D. S. (1973). The development of infant-mother attachment. In B. Caldwell & H. Ricciuti (Eds.), *Review of child development research (Vol. 3).* Chicago: University of Chicago Press.

5. 네가 좋으면 나도 좋아야 하나

사회학습의 경로: 우리들의 블루스(Our Blues)와 니얼굴(Please Make Me Look Pretty) 2

Bandura, A., Ross, D., & Ross, S. A. (1961). Transmission of aggression through imitation of aggressive models. *Journal of Abnormal and Social Psychology, 63*, 575-582.

6. **세상에서 가장 예쁜 여인과 키스하기**

체험의 심리학: 버킷리스트(The Bucket List)

Van Boven, L., & Gilovich, T. (2003). To do or to have? That is the question. *Journal of Personality and Social Psychology, 85*, 1193–1202.

Piff, P. K., Dietze, P., Feinberg, M., Stancato, D. M., & Keltner, D. (2015). Awe, the small self, and prosocial behavior. *Journal of Personality and Social Psychology, 108*, 883–899.

7. **나는 왜 나쁜 남자만 만날까?**

헌신행동: 내 아내의 모든 것(All about My Wife)

Buss, D. M. (2004). *Evolutionary psychology: The new science of the mind, 2nd ed.* Boston: Allyn & Bacon.

Sternberg, R. J., & Barnes, M. L. (Eds.). (1988). *The psychology of love.* New Haven: Yale University Press.

8. **얼굴을 감출 수 있어 좋은 날**

통과 욕구: 원더(Wonder)

Gilman, S. L. (2001). *Making the body beautiful: A cultural history of aesthetic surgery*. Princeton: Princeton University Press. [성형수술의 문화사(곽재은 역, 2003). 이소출판사.]

Gilman, S. L., & Peters, W. (1999). Making the body beautiful: A cultural history of aesthetic surgery. *Canadian Medical Association Journal, 161*, 1565-1566.

9. **당신의 웃는 얼굴을 보고 싶었습니다**

공감의 심리학: 광해, 왕이 된 남자(Masquerade)

Martin, G. B., & Clark, R. D. (1982). Distress crying in neonates: Species and peer specificity. *Developmental Psychology, 18*, 3–9.

Dondi, M., Simion, F., & Caltran, G. (1999). Can newborns discriminate between their own cry and the cry of another newborn infant? *Developmental Psychology, 35*, 418–426.

Galinsky, A. D., Magee, J.C., Inesi, M. E., & Gruenfeld, D. H. (2009). Power and perspectives not taken. *Psychological Science, 17*, 1068-1074.

11. **왜 내가 축구를 보면 꼭 우리 팀이 질까?**

징크스와 자기효능감: 실버라이닝 플레이북(Silver Linings Playbook)

Damisch, L., Stoberock, B., & Mussweiler, T. (2010). Keep your fingers crossed! How superstition improves performance. *Psychological Science, 21*, 1014-1020.

12. **엄마 선물로 뽀로로 가방을 선택하는 이유**

자아중심적 사고: 이상한 변호사 우영우(Extraordinary Attorney Woo) 1

Piaget, J., & Inhelder, B. (1948). *The child's conception of space.* London: Routledge & Kegan Paul Ltd.

13. **키스를 하면서도 동시에 숨을 쉴 수 있는 방법**

동화와 조절: 이상한 변호사 우영우(Extraordinary Attorney Woo) 2

Piaget, J., & Valsinen, J. (2017). *The child's conception of physical* causality. Abingdon-on-Thames: Routledge.

Part 2 여름의 영화, 뜨거운 위로

14. **아무렇게나 내민 손에 왜 어떤 때는 진정제가, 어떤 때는 독약이 잡히는 걸까?**

접근가능성: 마담 프루스트의 비밀정원(Attila Marcel) 1

Higgins, E. T., Rholes, W. S., & Jones, C. R. (1977). Category accessibility and impression formation. *Journal of Experimental Social Psychology, 13*, 141-154.

Srull, T. K., & Wyer, R. S. (1979). The role of category accessibility in the interpretation of information about persons: Some determinants and implications. *Journal of Personality and Social Psychology, 37*, 1660–1672.

15. **나쁜 기억은 행복의 홍수 아래 가라앉게 하라**

새로 배달된 기억의 효과: 마담 프루스트의 비밀정원(Attila Marcel) 2

Tybout, A. M., Calder, B. J., & Sternthal, B. (1981). Using information processing theory to design marketing strategies. *Journal of Marketing Research, 18*, 73-79.

16. **마침내 알게 된 행복의 1단계 공식**

마음챙김: 어바웃 타임(About Time)

Kabat-Zinn, J. (1990). *Full catastrophe living: Using the wisdom of your body and mind to face stress, pain, and illness*. New York: Delacorte Press. [마음챙김 명상과 자기치유(장현갑, 김교헌, 김정호 공역, 2017). 학지사.]

Kabat-Zinn, J. (2003). Mindfulness-based interventions in context: Past, present, and future. *Clinical Psychology: Science and Practice, 10,* 144-156.

17. **운명적인 사랑의 유통기한**

로미오와 줄리엣 효과: 로미오와 줄리엣(Romeo and Juliet)

Dutton, D. G., & Aron, A. P. (1974). Some evidence for heightened sexual attraction under conditions of high anxiety. *Journal of Personality and Social Psychology, 30,* 510-517.

18. **발 구르는 소리에 마음이 흔들리는 이유**

음악의 진화심리학: 보헤미안 랩소디(Bohemian Rhapsody)

Huron, D. (2001). Is music an evolutionary adaptation? *Annals of the New York Academy of Sciences, 930,* 43-61.

19. **함께 뛰는 사랑이 오래간다**

정서의 2요인 이론: 스피드(Speed)

Schachter, S., & Singer, J. (1962). Cognitive, social, and physiological determinants of emotional state. *Psychological Review, 69,* 379-399.

20. **좀비 바이러스가 퍼지기에 가장 좋은 조건**

좀비사회: 부산행(Train to Busan)

국회 입법조사처 (2016). OECD 사회통합지표 분석 및 시사점.

Twenge, J. M., Baumeister, R. F., Tice, D. M., & Stucke, T. S. (2001). If you can't join them, beat them: Effects of social exclusion on aggressive behavior. *Journal of Personality and Social Psychology, 81,* 1058-1069.

Baumeister, R. F., DeWall, C. N., Ciarocco, N. J., & Twenge, J. M. (2005). Social exclusion impairs self-regulation. *Journal of Personality and Social Psychology, 88,* 589-604.

21. **흑인은 나쁘다고 믿었는데, 생각해 보니 나는 흑인이야**

동일시의 심리학: 블랙 팬서(Black Panther)

Clark, K. B., & Clark, M. P. (1947). Racial identification and preference in Negro children. In T. M. Newcomb & E. L. Hartley (Eds.), *Readings in social psychology,* New York: Holt.

22. **슈퍼히어로의 질투심**

질투의 진화심리학: 겁나는 여친의 완벽한 비밀(My Super Ex-Girlfriend)

Buss, D. M. (2004). *Evolutionary psychology: The new science of the mind, 2nd ed.* Boston: Allyn & Bacon.

Buss, D. M. (Ed.). (2005). *The handbook of evolutionary psychology.* Hoboken, NJ: Wiley.

23. **침묵의 정글에 오신 것을 환영합니다**

다수의 무지: 더 스퀘어(The Square)

Shelton, J. N., & Richeson, J. A. (2005). Intergroup contact and pluralistic ignorance. *Journal of Personality and Social Psychology, 88,* 91-107.

24. **봉변을 당하지 않고 휴가를 즐길 수 있는 방법**

접촉 가설: 그린 북(Green Book)

Brown, K. T., Brown, T. N., Jackson, J. S., Sellers, R. M., & Manuel, W. J. (2003). Teammates on and off the Field? Contact with black teammates and the racial attitudes of white student athletes. *Journal of Applied Social Psychology, 33,* 1379-1403.

25. **마음은 어떻게 빈곤에 빠지나**

가난의 심리학: 기생충(Parasite)

Mani, A., Mullainathan, S., Shafir, E., & Zhao, J. (2013). Poverty impedes cognitive function. *Science, 341,* 976-980.

Haushofer, J., & Fehr, E. (2014). On the psychology of poverty. *Science, 344,* 862-867.

26. **사랑은 내 얼굴에 그의 모습이 새겨지는 것을 허락한다**

닮아감의 심리학: 셰이프 오브 워터: 사랑의 모양(The Shape of Water)

Zajonc, R. B., Adelmann, P. K., Murphy, S. T., & Niedenthal, P. M. (1987). Convergence in the physical appearance of spouses. *Motivation and Emotion, 11,* 335-346.

Part 3 가을의 영화, 쓸쓸한 위로

27. 몸에 난 상처보다 마음에 난 상처가 더 오래가는 이유

생각과 감정의 되새김: 나의 해방일지(My Liberation Notes) 1

Nolen-Hoeksema, S. (1987). Sex differences in unipolar depression: Evidence and theory. *Psychological Bulletin, 101,* 259-282.

28. 아침마다 머릿속으로 개자식들이 들어올 때

나쁜 기억의 출근시간 정해주기: 나의 해방일지(My Liberation Notes) 2

Nolen-Hoeksema, S. (2003). *Women who think too much: How to break free of overthinking and reclaim your life.* New York: Macmillan.

Kross, E., & Ayduk, O. (2011). Making meaning out of negative experiences by self-distancing. *Current Directions in Psychological Science, 20,* 187-191.

29. 오늘의 나는 어제의 나와 같은 걸까?

정체성의 심리학: 뷰티 인사이드(The Beauty Inside)

Andersen, S. M., & Ross, L. (1984). Self-knowledge and social inference: I. The impact of cognitive/affective and behavioral data. *Journal of Personality and Social Psychology, 46,* 280–293.

30. 추억, 닫혔던 마음의 문을 열다

서번트 신드롬: 레인 맨(Rain Man)

Baron-Cohen, S. (2008). Theories of the autistic mind. *The Psychologist, 21,* 112–116.

Baron-Cohen, S. (2008) Autism, hypersystemizing, and truth. *Quarterly Journal of Experimental Psychology, 61,* 64-75.

31. 순수한 마음이 친구를 사냥할 때

유도질문과 출처기억 오류: 더 헌트(The Hunt)

Chun, W. Y. (전우영), & Kruglanski, A. W. (2006). The role of task demands and processing resources in the use of base-rate and individuating information. *Journal of Personality and Social Psychology, 91,* 205-217.

Crombag, H. F., Wagenaar, W. A., & Van Koppen, P. J. (1996). Crashing memories and the problem of 'source monitoring'. *Applied Cognitive Psychology, 10,* 95-104.

Kahneman, D., & Tversky, A. (1973). On the psychology of prediction. *Psychological Review, 80,* 237-251.

Klayman, J. (1995). Varieties of confirmation bias. *Psychology of Learning and Motivation, 32,* 385-418.

Loftus, E. F. (2005). Planting misinformation in the human mind: A 30-year investigation of the malleability of memory. *Learning and Memory, 12,* 361-366.

32. 착한 사람 콤플렉스가 키운 악마

보이스 강간: 컴플라이언스(Compliance)

Freedman, J. L., & Fraser, S. C. (1966). Compliance without pressure: The foot-in-the-door technique. *Journal of Personality and Social Psychology, 4,* 195-203.

33. 어떤 미끼를 물 것인가

프레임의 정치심리학: 바이스(Vice)

Lakoff, G. (2014). *The all new don't think of an elephant!: Know your values and frame the debate.* Vermont: Chelsea Green Publishing.

34. 무의식의 작동원리

점화효과: 인셉션(Inception)

전우영(2020). 무의식의 심리학, 점화. 서울: 학지사.

Chun, W. Y. (전우영), Kruglanski, W., Keppler, D. S, & Friedman, R. S. (2011). Multifinality in implicit choice. *Journal of Personality and Social Psychology, 101,* 1124-1137.

Bargh, J. A., Chen, M., & Burrows L. (1996). Automaticity of social behavior: Direct effects of trait construct and stereotype activation on

action. *Journal of Personality and Social Psychology, 71,* 230-244.
Williams, L. E., & Bargh, J. A. (2008). Experiencing physical warmth promotes interpersonal warmth. *Science, 322,* 606-607.

35. 외로운 사회가 돈에 대한 갈망을 키운다

돈과 외로움: 오징어 게임(Squid Game)

전우영 (2021). 사회적 배척과 심리적 통증. 서울: 학지사.
홍사단 투명사회운동본부 윤리연구센터 (2019). 2019년 대한민국 청소년 및 성인(직장인) 정직지수 조사 결과보고서.
Zhou, X., Vohs, K. D., & Baumeister, R. F. (2009). The symbolic power of money: Reminders of money alter social distress and physical pain. *Psychological Science, 20,* 700–706.

36. 대적하는 대신 닮아가는 것의 씁쓸함

오이디푸스 콤플렉스: 질투는 나의 힘(Jealousy is My Middle Name)

Freud, S. (1933). *New introductory lectures on psychoanalysis*. New York: Carlton House.

37. 엘라의 계곡으로 내려간 다윗의 불안

공감격차: 엘라의 계곡(In the Valley of Elah)

Nordgren, L. F., Banas, K., & MacDonald, G. (2011). Empathy gaps for social pain: Why people underestimate the pain of social suffering. *Journal of Personality and Social Psychology, 100,* 120-128.

38. 청년은 울버린으로 세상을 살고, 중년은 로건으로 세상을 산다

중년의 심리학: 로건(Logan)

Erikson, E. H. (1993). *Childhood and society.* New York: WW Norton & Company.

Part 4 겨울의 영화, 차가운 위로

39. 나쁜 기억에 휘둘리는 이유

기억의 진화심리학: 이터널 선샤인(Eternal Sunshine of the Spotless Mind)1

전우영 (2008). 부정성 편파와 긍정성 편파가 집단에 대한 인상형성에 미치는 영향: 정보량의 역할을 중심으로. 한국심리학회지: 사회 및 성격, 22, 1-14.

Fiske, S, T.(1980). Attention and weight in person perception: The impact of negative and extreme behavior. *Journal of Personality and Social Psychology, 38,* 889-906.

Skowronski, J. J., & Carlston, D. E.(1987). Social judgment and memory: The role of cue diagnocity in negativity, positivity, and extremity bias. *Journal of Personality and Social Psychology, 52,* 689-699.

40. 기억은 지워져도 사랑은 지워지지 않는 이유

메타기억: 이터널 선샤인(Eternal Sunshine of the Spotless Mind) 2

Schwarz, N., Bless, H., Strack, F., Klumpp, G., Rittenauer-Schatka, H., & Simons, A. (1991). Ease of retrieval as information: Another look at the availability heuristic. *Journal of Personality and Social psychology, 61,* 195-202.

41. 결코 미워할 수 없는 존재

사회적 무의식: 응답하라 1988(Reply 1988)

Caruso, E. M., Vohs, K. D., Baxter, B., & Waytz, A. (2013). Mere exposure to money increases endorsement of free-market systems and social inequality. *Journal of Experimental Psychology: General, 142,* 301–306.

Kay, A. G., & Ross, L. (2003). The perceptual push: The interplay of implicit cues and explicit situational construals on behavioral intentions in the Prisoner's Dilemma. *Journal of Experimental Social Psychology, 39,* 634-643.

42. 원하는 것을 가졌고 싫은 일은 하지 않지만, 행복하지 않은 이유

돈으로 행복을 사는 방법: 크리스마스 캐롤 (A Christmas Carol)

Vohs, K. D., Mead, N. L., & Goode, M. R. (2006). The psychological consequences of money. *Science, 314,* 1154-1156.

Dunn, E. W., Aknin, L. B., & Norton, M. I. (2008). Spending money on others promotes happiness. *Science, 319,* 1687-1688

43. 얼굴에 기록된 암호를 해독하는 사람

테스토스테론의 심리학: 관상(The Face Reader)

Booth, A., & Dabbs, J. M. (1993). Testosterone and men's marriages. *Social Forces, 72,* 463.

Penton-Voak, I. S., Perrett, D. I., Castles, D. L., Kobayashi, T., Burt, D. M., Murray, L. K., & Minamisawa, R. (1999). Menstrual cycle alters face preference. *Nature, 399,* 741–742.

44. 외로운데 옆구리가 시린 이유

외로움의 심리학: 웜 바디스(Warm Bodies)

IJzerman, H., Gallucci, M., Pouw, W. T., Weiβgerber, S. C., Van Doesum, N. J., & Williams, K. D. (2012). Cold-blooded loneliness: Social exclusion leads to lower skin temperatures. *Acta Psychologica, 140,* 283-288.

Zhong, C.-B., & Leonardelli, G. J. (2008). Cold and lonely: Does social exclusion literally feel cold?. *Psychological Science, 19,* 838-842.

Bargh, J. A., & Shalev, I. (2012). The substitutability of physical and social warmth in daily life. *Emotion, 12,* 154–162.

45. 법적으로는 범죄 집단, 심리적으로는 가족

행위자-관찰자 차이: 어느 가족(Shoplifters)

Nisbett, R. E., Caputo, C., Legant, P., & Marecek, J. (1973). Behavior as seen by the actor and as seen by the observer. *Journal of Personality and Social Psychology, 27,* 154-164.

46. 눈을 뜨고 있어도 보이지 않는 것들

부주의 맹시: 감시자들(Cold Eyes)

Simons, D. J., & Chabris, C. F. (1999). Gorillas in our midst: Sustained inattentional blindness for dynamic events. *Perception, 28,* 1059-1074.

47. 차가운 마음을 녹이는 손길

터치의 심리학: 브레이킹 던 part 2 (The Twilight Saga: Breaking Dawn Part 2)

Hornik, J. (1992). Tactile stimulation and consumer response. *Journal of Consumer Research, 19,* 449-458.

Smith, D. E., Gier, J. A., & Willis, F. N. (1982). Interpersonal touch and compliance with a marketing request. *Basic and Applied Social Psychology, 3,* 35-38.

48. 모든 것이 예측 가능해진 후에 사라진 설렘

계획오류: 사랑의 블랙홀(Groundhog Day)

Buehler, R., Griffin, D., & Ross, M. (1994). Exploring the "planning fallacy": Why people underestimate their task completion times. *Journal of Personality and Social Psychology, 67,* 366–381.

49. 불행이 자기 탓인 줄 아는 사람

학습된 무기력: 내 깡패 같은 애인(My Dear Desperado)

보건복지부 (2022). 2022 자살예방백서.

Seligman, M. E. P. (1975). *Helplessness: On depression, development, and death.* San Francisco: Freeman.

50. 같은 꿈을 꾸는 사람, 같은 삶을 사는 사람

꿈의 심리학: 우리는 같은 꿈을 꾼다(On Body and Soul)

Wegner, D. M., Wenzlaff, R. M., & Kozak, M. (2004). Dream rebound: The return of suppressed thoughts in dreams. *Psychological Science, 15,* 232-236.

51. 영원히 살 수는 없지만, 영원히 기억될 수는 있다

사진의 심리학: 8월의 크리스마스(Christmas in August)

- 불멸의 두 가지 방법에 관한 주장은 오래전에 움베르토 에코Umberto Eco의 글에서 본 것이다. 당시에 출처를 기록해 놓지 않았기 때문에 이번에 출처를 찾기 위해서 에코의 책과 인터넷 세상을 몇날 며칠에 걸쳐서 뒤졌지만 허사였다. 하지만 후학들의 인용을 통해 불멸을 꿈꿨던 에코를 기리며 이 글이 움베르토 에코에 빚지고 있다는 사실을 밝힌다.

영화·드라마 목록

(본문에 실린 순)

1. 미드나잇 인 파리(Midnight in Paris, 2011), 각본·감독: 우디 앨런(Woody Allen)
2. 매트릭스(The Matrix, 1999), 각본·감독: 릴리 워쇼스키(Lilly Wachowski)·라나 워쇼스키(Lana Wachowski)
3. 늑대소년(A Werewolf Boy, 2012), 각본·감독: 조성희

4. 5. 우리들의 블루스(Our Blues, 2022), 극본: 노희경, 연출: 김규태
니얼굴(Please Make Me Look Pretty, 2022), 감독: 서동일

6. 버킷리스트(The Bucket List, 2007), 각본: 저스틴 잭햄(Justin Zackham), 감독: 로브 라이너(Rob Reiner)
7. 내 아내의 모든 것(All about My Wife, 2012), 각본: 허성혜·민규동, 감독: 민규동
8. 원더(Wonder, 2017), 각본: 스티븐 크보스키(Stephen Chbosky)·스티브 콘래드(Steve Conrad)·잭 쏜(Jack Thorne), 감독: 스티븐 크보스키(Stephen Chbosky)
9. 광해, 왕이 된 남자(Masquerade, 2012), 각본: 황조윤, 감독: 추창민
10. 미나리(Minari, 2021), 각본·감독: 정이삭(Lee Isaac Chung)
11. 실버라이닝 플레이북(Silver Linings Playbook, 2012), 각본·감독: 데이비드 러셀(David Russell)

12. 13. 이상한 변호사 우영우(Extraordinary Attorney Woo, 2022), 극본: 문지원, 연출: 유인식

14. 15. 마담 프루스트의 비밀정원(Attila Marcel, 2013), 각본·감독: 실뱅 쇼메(Sylvain Chomet)

16. 어바웃 타임(About Time, 2013), 각본·감독: 리처드 커티스(Richard Curtis)
17. 로미오와 줄리엣(Romeo and Juliet, 1968), 각본: 마에스트로 다미코(Maestro D'Amico)·프란코 브루사티(Franco Brusati)·프란코 제피렐리(Franco Zeffirelli), 감독: 프란코 제피렐리(Franco Zeffirelli)
18. 보헤미안 랩소디(Bohemian Rhapsody, 2018), 각본: 안토니 맥카튼(Anthony McCarten)·피터 모건(Peter Morgan), 감독: 브라이언 싱어(Bryan Singer)
19. 스피드(Speed, 1994), 각본: 그레이엄 요스트(Graham Yost), 감독: 얀 드봉(Jan de Bont)
20. 부산행(Train to Busan, 2016), 각본: 박주석, 감독: 연상호
21. 블랙 팬서(Black Panther, 2018), 각본: 라이언 쿠글러(Ryan Coogler)·조 로버트 콜(Joe Robert Cole), 감독: 라이언 쿠글러(Ryan Coogler)

22. 겁나는 여친의 완벽한 비밀(My Super Ex-Girlfriend, 2006), 각본: 돈 페인(Don Payne), 감독: 이반 라이트만(Ivan Reitman)
23. 더 스퀘어(The Square, 2017), 각본·감독: 루벤 외스틀룬드(Ruben Ostlund)
24. 그린 북(Green Book, 2019), 각본: 피터 패럴리(Peter Farrelly)·닉 발레롱가(Nick Vallelonga)·브라이언 커리(Brian Currie), 감독: 피터 패럴리(Peter Farrelly)
25. 기생충(Parasite, 2019), 각본: 봉준호·한진원, 감독: 봉준호
26. 셰이프 오브 워터: 사랑의 모양(The Shape of Water, 2017), 각본: 기예르모 델 토로(Guillermo Del Toro)·바네사 테일러(Vanessa Taylor), 감독: 기예르모 델 토로(Guillermo Del Toro)
27. 28. 나의 해방일지(My Liberation Notes, 2022), 극본: 박해영, 연출: 김석윤
29. 뷰티 인사이드(The Beauty Inside, 2015), 각본: 김선정·박정예·노경희, 감독: 백종열
30. 레인 맨(Rain Man, 1988), 각본: 배리 모로우(Barry Morrow)·로널드 바스(Ronald Bass), 감독: 배리 레빈슨(Barry Levinson)
31. 더 헌트(The Hunt, 2012), 각본: 토비아스 린드홀름(Tobias Lindholm)·토마스 빈터베르그(Thomas Vinterberg), 감독: 토마스 빈터베르그(Thomas Vinterberg)
32. 컴플라이언스(Compliance, 2012), 각본·감독: 크레이그 조벨(Craig Zobel)
33. 바이스(Vice, 2018), 각본·감독: 애덤 맥케이(Adam McKay)
34. 인셉션(Inception, 2010), 각본·감독: 크리스토퍼 놀란(Christopher Nolan)
35. 오징어 게임(Squid Game, 2021), 각본·감독: 황동혁
36. 질투는 나의 힘(Jealousy is My Middle Name, 2003), 각본·감독: 박찬옥
37. 엘라의 계곡(In the Valley of Elah, 2007), 각본·감독: 폴 해기스(Paul Haggis)
38. 로건(Logan, 2017), 각본·감독: 제임스 맨골드(James Mangold)
39. 40. 이터널 선샤인(Eternal Sunshine of the Spotless Mind, 2004), 각본: 찰리 카우프만(Charlie Kaufman)·미셸 공드리(Michel Gondry)·피에르 비스무스(Pierre Bismuth), 감독: 미셸 공드리(Michel Gondry)
41. 응답하라 1988(Reply 1988, 2015), 극본: 이우정, 연출: 신원호
42. 크리스마스 캐롤(A Christmas Carol, 2009), 각본·감독: 로버트 저메키스(Robert Zemeckis)
43. 관상(The Face Reader, 2013), 각본: 김동혁, 감독: 한재림
44. 웜 바디스(Warm Bodies, 2013), 각본·감독: 조나단 레빈(Jonathan Levine)
45. 어느 가족(Shoplifters, 2018), 각본·감독: 고레에다 히로카즈(Koreeda Hirokazu)
46. 감시자들(Cold Eyes, 2013), 각본: 조의석·유내해, 감독: 조의석·김병서

47. 브레이킹 던 part 2(The Twilight Saga: Breaking Dawn Part 2, 2012), 각본: 멜리사 로젠버그(Melissa Rosenberg), 감독: 빌 콘돈(Bill Condon)
48. 사랑의 블랙홀(Groundhog Day, 1993), 각본: 대니 루빈(Danny Rubin)·해럴드 래미스(Harold Ramis), 감독: 해럴드 래미스(Harold Ramis)
49. 내 깡패 같은 애인(My Dear Desperado, 2010), 각본: 김광식·홍서영, 감독: 김광식
50. 우리는 같은 꿈을 꾼다(On Body and Soul, 2017), 각본·감독: 일디코 엔예디(Ildiko Enyedi)
51. 8월의 크리스마스(Christmas in August, 1998), 각본: 오승욱·신동환·허진호, 감독: 허진호

이 도서는 한국출판문화산업진흥원의 '2022년 중소출판사 출판콘텐츠 창작 지원 사업'의 일환으로 국민체육진흥기금을 지원받아 제작되었습니다.

당신의 마음에 영화를 처방해 드립니다

영화를 사랑한 심리학, 심리학이 새겨진 영화

초판 1쇄 발행 2022년 12월 30일
초판 6쇄 발행 2024년 10월 05일

지은이 전우영
펴낸곳 (주)행성비

펴낸이 임태주

편집총괄 이윤희
디자인 이유진
마케팅 배새나

출판등록번호 제2010-000208호
주소 경기도 김포시 김포한강10로 133번길 107, 710호
대표전화 031-8071-5913
팩스 0505-115-5917
이메일 hangseongb@naver.com
홈페이지 www.planetb.co.kr

ISBN 979-11-6471-214-4 (03180)